Georg Quedens

Nordsee – Mordsee

BREKLUMER VERLAG

Bildnachweis:
Karl Bitterling 1, Andreas Busch 1, Wilhelm Ellermann 2, Hans Hoffmann 2, Foto-Knechties 2, H. v. Perkhammer 2, Hans Jürgen Stöver 10. – Alle anderen Fotos, einschließlich der Kartenzeichnungen und des Titelentwurfes vom Verfasser

5. Auflage 1992

Gesamtherstellung: Breklumer Druckerei Manfred Siegel
Printed in Germany
ISBN 3-7793-1117-8

Inhalt

Vorwort

Nordsee – Mordsee: Große Sturmfluten des Mittelalters und der Neuzeit gaben der Nordsee diesen Beinamen – Sturmfluten, die Tote und Trümmer an der Festlandsküste, auf Inseln und Halligen hinterließen und ihren Teil zur Gestaltung des Landschaftsbildes beitrugen. Noch in der Gegenwart, im Februar 1962, bestätigte sich die Nordsee einmal mehr als Mordsee, als bei einer Orkanflut in Hamburg über 300 Menschen ertranken. Schon Heimreich verwendet in seiner Chronik diese Bezeichnung, bekannter aber wurde der Begriff »Mordsee« durch Detlev von Liliencron in seinem Gedicht »Trutz Blanke Hans«, das den Untergang von Rungholt schildert.

Sturmfluten und ihre Zerstörungsgewalt bedingen entsprechende Gegenwehr. Schon seit rund tausend Jahren, etwa seit dem 9. Jahrhundert, läßt sich der Deichbau zur Sicherung des Landes durch die hier eingewanderten Friesen nachweisen. Der Landesschutz mit Deichen und anderen Werken ist als dramatisches Kapitel durch die Jahrhunderte aktuell geblieben. Und erst in unserem Jahrhundert wurden die traditionellen Geräte, Spaten, Schaufel, Schubkarre und Pferdefuhrwerk durch moderne Maschinen abgelöst.

Stürme bedrohen aber nicht nur das Land und seine Bewohner, sondern bringen auch Schiffe in Gefahr. Hunderte von Schiffen strandeten im Bereich der nordfriesischen Inseln, vor allem vor Amrum und Sylt, und erregten die Inselbevölkerung, weil fast immer große Werte auf dem Spiele standen. Die »Strandräuberei« ist ein dunkles Kapitel in der Geschichte dieser Inseln. Aber auch durch die legale Bergung gestrandeter Schiffe und Schiffsgüter winkten in Form von Bergungsprämien beachtliche Gewinne. Schließlich aber trat die Rettung von Schiffbrüchigen, gefördert durch obrigkeitliche Verordnungen, immer mehr in den Vordergrund. Und als 1865 die »Deutsche Gesellschaft zur Rettung Schiffbrüchiger« gegründet wurde, traten die Insulaner in deren Dienst und retteten in der Folgezeit, oft unter Einsatz des eigenen Lebens, zahlreiche Schiffbrüchige aus Seenot.

Das vorliegende Buch soll die Dramatik der Naturgewalten, aber auch die von Küstenbewohnern und Insulanern getroffenen Abwehr- und Gegenmaßnahmen vermitteln.

Die Nordsee breitet sich aus

Sturmfluten waren nach heute noch weit verbreiteter Ansicht die Ursache der umfangreichen Landzerstörungen und Überflutungen, die seit Jahrtausenden die Landschaftsgestaltung vor der schleswig-holsteinischen Westküste, insbesondere im Raum des heutigen nordfriesischen Wattenmeeres bestimmten. Genau genommen haben sie aber nur die dramatischen Höhepunkte einer Entwicklung gesetzt, die zeitlich sehr weit zurückreicht und von ganz anderen Vorgängen verursacht wurde. Diese Vorgänge stehen in Zusammenhang mit dem Ende der letzten Eiszeit, als die vom Norden bis zur Ostküste von Schleswig-Holstein, über Mecklenburg und Pommern heruntergeschobenen Gletschermassen wieder abzutauen begannen.

Bedingt durch die Tatsache, daß ein großer Teil der irdischen Wassermenge in den Eismassen gebunden war, lag das Niveau des Meeresspiegels nach heutigen geologischen Erkenntnissen um fast 100m unter der gegenwärtigen Höhe. Das Nordseebecken, als flaches Randmeer des atlantischen Ozeans fiel bis über die Doggerbank hin trokken, und hier, östlich und westlich der Bank, mündeten die großen Ströme Elbe, Weser, Ems, Rhein und Themse mit ihren Nebenflüssen in das Weltmeer.

Die Abschmelzung der Gletscher setzte vor etwa 20000 Jahren ein, infolge der erneuten Erwärmung des Erdklimas. Das Schmelzwasser strömte den Ozeanen zu, so daß ein Anstieg des Meeresspiegels erfolgte und das Nordseebecken im Laufe der Jahrtausende allmählich überflutet wurde. Parallel dazu wirkte sich im norddeutschen Küstenraum eine Landsenkung aus, und zwar infolge einer Ausgleichsbewegung der Erdoberfläche, hervorgerufen durch den Rückzug der Eismassen, deren Gewicht die skandinavische Landfläche herabgedrückt, den Erdmantel in den eisfreien Randgebieten aber aufgewölbt hatte. Noch heute heben sich die vom Eise befreiten skandinavischen Länder, während die Landsenkung in unserem Küstenraum unter den Geologen umstritten ist. Einige Forscher verneinen eine Landsenkung ganz und schreiben die Überflutung des Nordseebeckens ausschließlich dem nacheiszeitlichen Anstieg des Meeresspiegels zu. Letzteres

Aufziehender Sturm

ist auch in der Gegenwart noch zu registrieren. Anhand von Pegelmessungen hat sich der Wasserstand an der deutschen Nordseeküste im letzten Jahrhundert um rund 25 cm erhöht.

Der Anstieg des Meeresspiegels vollzog sich je nach den Temperaturschwankungen zeitweilig rasch, in anderen Perioden langsam. Etwa um 1000 v. Chr. erreichte die Nordsee einen vorläufigen Höchststand (etwa der heutigen Höhe entsprechend) und flutete bis an die schleswig-holsteinische Geest heran. Im nordfriesischen Küstenraum ragten während dieser Zeit nur die saaleeiszeitlichen Altmoränen der heutigen Inseln Sylt, Föhr und Amrum sowie einige inzwischen abgebaute Sand- und Geestbänke aus dem Meere heraus, umgeben von Marschen und Watten.

Als dann kurz vor der Zeitrechnung der Anstieg des Meeres zum Stillstand kam, ja sogar ein vorübergehendes Absinken erfolgte, bildeten sich auf den Marschen zwischen der Festlandsgeest und den Altmoränen und Strandwällen der Küste durch stauende Nässe ausgedehnte Moore und Schilffelder. Diese aber wurden weitgehendst durch erneute Sedimentation von junger Marsch überlagert, als sich nach der Zeitrechnung der Anstieg des Meeres fortsetzte.

Schon in der Steinzeit, spätestens seit 3000 v. Chr., lebten Menschen in diesem sich wandelnden Landschaftsraum. Von den Geesthöhen aus wurden Moore, Marschen und die sich darauf gebildeten Wälder als Jagd- und Weidegründe genutzt. Besonders dicht war die Besiedlung der Geestinseln in der Bronzezeit (1600–600 v. Chr.). Klimaverschlechterung und Landverluste durch Überflutungen waren dann aber um 120 v. Chr. die Ursache einer umfangreichen Abwanderung der hier ansässigen Ambronen, Cimbern und Teutonen, doch blieben die Geestinseln weiterhin von Resten dieser germanischen Völkerstämme bewohnt. Im 5. und 6. Jahrhundert kam es zu erneuten Auswanderungswellen, diesmal mit Schiffen über die Nordsee nach Britannien. Siedlungsspuren jener Zeit, vor allem Warftanlagen, deuten auf die wachsende Bedrohung des Küstenraumes durch das Meer hin, und auch diesmal dürfte die Auswanderung in Zusammenhang mit der Reduzierung der Lebensmöglichkeiten stehen.

Wie schon erwähnt, bildete sich aber über den Mooren im Bereich des heutigen nordfriesischen Wattenmeeres durch Überflutungen, insbesondere durch Sturmfluten und den damit verbundenen Schlickablagerungen, eine neue, fruchtbare Marsch, die um das Jahr 1000 von den aus den Niederlanden hier eingewanderten Friesen in Besitz genommen und fest besiedelt wurde. Die Friesen begannen, das flutgefährdete Land durch Deiche zu schützen, es zu entwässern, zu kultivieren und Landwirtschaft, Viehzucht und Ackerbau zu betreiben. Ihre Siedlungen lagen auf sturmflutsicheren Warften. Bisher hatten ausschließlich großräumige und jahrzehntausende dauernde geologische Erscheinungen die Entwicklung der Küstenlandschaft bestimmt. Nunmehr aber griffen auch die neuen Bewohner, die Friesen, lokal in entscheidendem Maße in die naturbedingten Abläufe ein, letzten Endes mit dem Ergebnis, daß sich der Untergang beachtlicher Landgebiete beschleunigte. Die Ursachen dafür waren verschiedenster Art: Der Deichbau verhinderte weitere Überflutungen bei Stürmen und damit die Sedimentation, die fortschreitende Erhöhung der eingedeichten Ländereien. Durch die Entwässerung kam es zur Austrocknung der Moorschichten unter der Marsch und zu erheblichen Sackungen. Der lokale Abbau von Oberflächenmooren zwecks Nutzbarmachung des darunter liegenden fruchtbaren Marschenbodens wirkte sich ebenso als künstliche Landsenkung aus wie der umfangreiche Torfabbau für die Salzgewinnung, die bald nach der Einwanderung der Friesen bis in das 18. Jahrhundert hinein betrieben wurde und deren Spuren noch heute im Wattenmeer der Halligen sichtbar sind. Zum Zwecke der Salzgewinnung erfolgte zunächst die Freilegung der unter dem Marschboden lagernden, aus früheren Überflutungen mit Salz angereicherten Torfschicht, dann deren Abbau und Transport zu den Salzbuden, wo der Torf verbrannt, aus der Asche eine Sole bereitet und schließlich daraus das Salz herausgesiedet wurde. Die Salzgewinnung der Nordfriesen war wirtschaftlich von großem Wert, bedeutete aber andererseits eine großflächige Senkung des Landes um rund einen Meter.

BRICI
Nordertieff
Westerwick
Wending stadt
Friesenhaven
Hornumhaven
Suderheffe
HOWERS HERDE
Tondern
NORT WESTER HERDE
HORS HERDE
BOKEN HERDE
OSTER HERDE
WYRICHS HERDE
BELTRING
PELWORM HERDE
EDOM HERDE
SUDER STRAND
UTH HOLM
EVERSCHOP
Suder eyder stroom
Notar

Karthographie des Küstenraumes

Von einzelnen Berichten seefahrender Römer und Missionaren abgesehen, beginnt die »geschriebene« Geschichte jenes Raumes, der heute die nordfriesischen Inseln, Halligen, die Festlandsküste und das Wattenmeer umfaßt, erst im 12. Jahrhundert. Doch ist der Zustand dieser Landschaft hinsichtlich der Besiedlung bei ihrem Eintritt in die Geschichte nur in großen Zügen bekannt. Auch die seinerzeitigen Orts- und Landschaftsbezeichnungen lassen sich nur zum Teil einordnen. Nach dem Erdbuch von König Waldemar II., das um 1231 entstand, war dieses, »Uthlande« genannte Gebiet, schon eine Welt von Inseln und Halligen, die durch mehr oder weniger breite Wattenströme voneinander getrennt lagen. Namentlich genannt werden: Syld (Sylt), Anbrum (Amrum), Föör (Föhr), Alanc (Oland?), Gaestanacke, Hwaelae minor, Hwaelae major, Haefrae, Holm und Haelhaeland (Halligland oder Helgoland). Abgesehen aber von den erkennbaren Inseln und Holm als Teil des heutigen Eiderstedt, lassen sich die anderen Bezeichnungen nicht plazieren. Sicher ist nur, daß sie das Kerngebiet der Uthlande, den Raum der Halligen und des alten Nordstrands betreffen.

Das ungefähre Landschaftsbild Nordfrieslands vor der Zerstörung versuchen die Karten des Husumer Mathematicus Johannes Mejer zu vermitteln. Joh. Mejer lebte von Anno 1606 bis 1674 und zeichnete in den 1640ger Jahren im Auftrage des dänischen Königs Christian IV. eine Anzahl von Karten der schleswigschen Westküste mit ihren Inseln und Halligen. Zusammen mit dem Husumer Bürgermeister Caspar Danckwerth brachte Johannes Mejer im Jahre 1652 eine umfangreiche »Landesbeschreibung der Herzogthümer Schleswig und Holstein« heraus und vervollständigte später sein Lebenswerk durch Spezialkarten und Atlanten des Königreiches Dänemark In Anbetracht der seinerzeitigen geometrischen Hilfsmittel waren seine Landkarten von hoher Qualität. Jahrhundertelang behielten sie ihre Gültigkeit und wurden größtenteils erst im 19. Jahrhundert durch genauere Karten abgelöst.

Kritischer aber ist das Urteil über die »geschichtlichen« Karten des

Nordfriesland im 13. Jahrhundert, wie es sich der Karthograph Johannes Mejer vorgestellt hat.

HERDE
Randerup
Ballum
Brodbro
HOYERS
TUNDER
HERDE
Tondern
HERDE
Rutebull
Lugum
Leck
Mabbersandt
Westerland
Keytum
Tinnum
Archsum
Morsum
INS. SYLT.
Rode tieff
Oster fangk
Nowtieff
Burron
s.Laurentius
FORA
s.Nicolai
s.Johannes
AMROM
Schmalitieff
Nort Ough
Hoge
Pellworm
Capell
NORTSTRAND
Odenbull
Suder Ough
Hever stroem
Sudfall
Quuge
Vitho
EYDER
STEDE
Garding
Tonning
Ording
Tating
s.Peter
Catrinherde
Welde
Cating
Suderhover
Vollerwick
Westerhover
Tetenbull
Poppenbull
Cotzenbull
Schulpe
Langenhorn
Bargen
Stedesandt
DER
STRAND
Eyder stroem

Johannes Mejer, vor allem über den Rekonstruktionsversuch der »alten Nordfrieslande bis an das Jahr 1240«. Diese Karten werden von fast allen Forschern der Gegenwart für bloße Phantasiegebilde gehalten, obwohl man dem Karthographen sicherlich die zeitlichere Nähe und die damals noch vorhandene Möglichkeit der mündlichen Überlieferung zubilligen muß. Namen versunkener Orte und Kirchspiele sind aber nachweislich zum Teil willkürlich plaziert

Ungeachtet der fehlenden Genauigkeit dieser in das 13. Jahrhundert zurückverlegten Karthographie steht jedoch fest, daß große Teile des heutigen Wattenmeeres noch von inselartigen Landflächen bedeckt und auch besiedelt waren. Dies wird auch durch die gelegentlich noch heute sichtbaren Kulturspuren im Wattenmeer bestätigt, ebenso durch Register über versunkene (»ausgedeichte«) Kirchen und Ortschaften wie Rungholt.

Küsten, Inseln und Halligen Nordfriesland um die Mitte des 17. Jahrhunderts. Weite Marschengebiete sind in Watt verwandelt

Gezeiten, Springflut und Sturmfluten

In ewigem Rhythmus wechseln draußen vor den Deichen der Nordseeküste, im Wattenmeer um Inseln und Halligen, Ebbe und Flut. Das Wasser flutet reichlich 6 Stunden auf, bis zum höchsten Punkt, dem »Hochwasser«, und ebbt dann nach kurzem Stillstand wieder zurück, bis zum tiefsten Stand, dem »Niedrigwasser«. Während auf freier See die Zeitdauer von Ebbe und Flut mit je 6 Stunden und 12 Minuten etwa gleich ist, dauert die Ebbe im Küstenbereich etwas länger als die schneller strömende Flut.

Ursache dieser weltweiten Wasserbewegung, die sich an den Küsten aller Ozeane und deren Randmeere bemerkbar macht, sind vor allem die Anziehungskraft des Mondes und Fliehkräfte auf der mondabgewandten Seite der Erde. Erde und Mond drehen sich um einen gemeinsamen Schwerpunkt, der wegen der größeren Masse der Erde im Innern des Erdkörpers liegt. Dabei wirken die Anziehungskraft des Mondes und die Fliehkraft in entgegengesetzter Richtung auf die Erde ein. Auf der dem Monde zugewandten Erdhälfte überwiegt die Anziehungskraft des Erdtrabanten – hier wird ein Fluthügel erzeugt, ebenso auf der mondabgewandten Erdhälfte, wo die Fliehkraft dominiert. Die Erde dreht sich unter diesen langen, stehenden Tidewellen, so daß jeder Punkt der Weltmeere im Laufe von 24 Stunden und 50 Minuten zweimal Flut und zweimal Ebbe (den Wellentälern zwischen Fluthügeln entsprechend) verzeichnet. Die tägliche Verspätung der Gezeiten um rund 50 Minuten ergibt sich aus der Umlaufzeit des Mondes, der sich in nur knapp 28 Tagen einmal um die Erde dreht.

Die Nordsee liegt täglich nur etwa 20 Minuten unter dem Mond, so daß sich hier keine selbständigen Gezeiten entwickeln können. Ebbe und Flut in der Nordsee werden deshalb fast ausschließlich durch die atlantische Gezeitenwelle bewirkt. Vom Nordatlantik her dringt die breite Shetland- und Silberrinnenwelle ein und wandert an der englischen Ostküste südwärts, bis sie nördlich von Holland durch Küstenreflexion, Untiefen und durch die schwächere Flutwelle des Ärmelkanals nach Osten abgedrängt wird, um dann über Helgoland, entlang der nordfriesischen Inseln und der dänischen Küste zurückzufließen. Für diesen Weg benötigt die Flutwelle etwa 12 Stunden. Ebbe und Flut verlaufen also im Nordseebecken als eine »Drehtide«. Der Drehpunkt dieser Gezeitenwelle liegt etwa 300km nördlich der nordfriesischen Inseln.

Ein wesentliches Merkmal von Ebbe und Flut ist der »Tidenhub«, der Höhenunterschied zwischen Niedrigwasser und Hochwasser. Hierbei spielen die durch die Erdrotation nach rechts abgelenkte Wellenbewegung und der Aufstau an den Küsten, besonders in Buchten, eine besondere Rolle. Am höchsten ist der Tidenhub an der englischen Ostküste, im Bereich der deutschen Nordseeküste im Jadebusen. Im nordfriesischen Wattenmeer erreicht der Tidenhub durch Aufstau in der Husumer Bucht mit 3,36m seinen höchsten Wert. Bei Dagebüll werden 2,76m, bei Wyk 2,64m, bei Wittdün 2,42m und bei List 1,71m verzeichnet. Hier, in den genannten, wie auch in anderen Küsten- und Inselhäfen, wird die tägliche Gezeitenbewegung durch Schreibpegel registriert. Die Fakten und Daten der Gezeitenbewegung, im Hydrographischen Institut in Hamburg ausgewertet, bedürfen jedoch in gewissen Abständen der Korrektur. Wie schon erwähnt, ist nämlich in den letzten Jahrhunderten ein Anstieg des Mittelhochwassers um rund 25cm pro Jahrhundert festgestellt.

Aber auch andere regel- und unregelmäßige Kräfte der Natur beeinflussen den Tidenhub. Etwa alle 14 Tage, bei Neu- und bei Vollmond, wirkt sich auch die Anziehungskraft der Sonne spürbar aus. Von der Erde gesehen, stehen Sonne und Mond in einer Geraden, und die gemeinsame Anziehungskraft beider Himmelskörper ruft nun auf den Weltmeeren verstärkte Flutwellen und tiefere Wellentäler hervor, »Springtide« genannt. Bedingt durch die höher steigende Flut und die tiefer fallende Ebbe, vergrößert sich der Tidenhub im nordfriesischen Wattenmeer um etwa 30cm. Die »Springtide« tritt hier infolge verzögerter Wellenbewegung erst in den Tagen nach Neu- und Vollmond ein. In diesen Tagen fällt die Zeit des Hochwassers zwischen 2–4 Uhr morgens bzw. zwischen 14–16 Uhr am Nachmittag. Zwischen den Springtiden aber liegen die »Nipptiden« mit einem geringeren Stand des Hoch- und Niedrigwassers, weil nun die zum Monde rechtwinklig stehende Sonne die Anziehungskraft des Mondes vermindert.

Unregelmäßige Kräfte, die das Meer um einige Meter aufzustauen vermögen, sind Stürme und Orkane als Verursacher der gefürchteten »Sturmfluten«. Entscheidend ist allerdings die Richtung des Windes. Stürme aus Nordost bis Südost bewirken für unseren Küstenraum das Gegenteil einer Sturmflut. Sie drücken so stark gegen die Flut, daß höhere Wattenflächen selbst bei Hochwasser trocken bleiben. Infolgedessen werden Sturmfluten an der Nordseeküste nur durch Stürme aus Südwest bis Nordwest hervorgerufen. Besonders hohe Wasserstände werden dann verursacht, wenn – wie häufig – der Sturm zunächst aus Südwest weht und atlantische Wassermassen durch den Ärmelkanal in die Nordsee drückt und dann der nach Nordwest wandernde Sturm weitere Wassermassen aus dem Nordatlantik in die Nordsee drängt, die erst an der niedersächsischen und schleswig-holsteinischen Küste Landwiderstand und dort naturgemäß dann auch ihren größten Aufstau finden. Besonders hoch steigen Sturmfluten natürlich auch dann, wenn sie in eine Springtide fallen.

Bedingt durch die Windrichtung, wirken sich Sturmfluten an der deutschen Nordseeküste oft sehr unterschiedlich aus. Bei der Hollandflut am 1. Februar 1953, als dort rund 1800 Menschen ertranken, wurden an der schleswig-holsteinischen Nordseeküste nur mäßighohe Wellen registriert. Südwestliche Stürme drücken mehr Wasser gegen den nordfriesischen Inselraum, nordwestliche Stürme mehr auf die Mündungsbucht von Elbe und Weser.

Ein entscheidendes Kriterium der Sturmflut ist die Höhe des Wasserstandes, die sogenannte Scheitelhöhe, über Normal Null (NN) oder über Mitteltidehochwasser (MThw) gemessen und die Zerstörungen, die durch eine solche Flut angerichtet werden. Sturmfluten, die Wasserstände bis zu 2,50m über MThw verursachen, bedingen westlichen Wind um Stärke 10. Solche Sturmfluten treten durchschnittlich ein- bis dreimal im Jahre auf. Noch seltener sind die ganz schweren und hohen Sturmfluten, die das Zusammentreffen extremer Wetterlagen, im ungünstigsten Falle auch mit einer Springtide, voraussetzen. Solche Sturm- und Orkanfluten, die im nordfriesischen Wattenmeer und an den Inselküsten mehr als 3 m über MThw aufsteigen und schwere Schäden an den Küstenschutzwerken hinterlassen, sind nur etwa alle 10–30 Jahre zu erwarten – wobei es natürlich durchaus geschehen kann, daß sich solche Fluthöhen, wie im Januar 1976, kurz hintereinander ergeben, dann aber wiederum jahrzehntelang ausbleiben.

So unterschiedlich wie der Tidenhub an der Nordseeküste ist, so verschieden ist auch der Aufstau des Wassers bei Sturmfluten. Von den äußersten Inseln Sylt und Amrum und Süderoog-Sand erhöht sich der Wasserstand bis zur Festlandsküste um 45–110cm, wobei zum Aufstau noch Reflexionserscheinungen hinzukommen. Bei der

Haushoch steigt die Sturmsee an den Strandpromenaden von Westerland-Sylt und Wittdün-Amrum auf

Küstenschiffe und Krabbenkutter haben sich nach der Sturmwarnung in den sicheren Hafen gerettet

Sturmflut im Februar 1962 wurden an der nordfriesischen Festlandsküste unterschiedliche Fluthöhen von 4,50m bis 5,21m über NN bzw. 3m bis 3,70m über MThw gemessen.

Von den großen Sturmfluten der letzten Jahrhunderte, ist die vom 3./4. Februar 1825 im Raume Nordfriesland generell die höchste gewesen. Am Sturmflutpfahl des Wyker Hafens liegt die Marke um 35cm über den Markierungen der Sturmfluten von 1962 und 1976. Von Pellworm und dem Küstenort Tönning liegen ähnliche Feststellungen vor. Den Wasserstand der Sturmflut von 1825 darf man als bisher höchsten annehmen, wenn man berücksichtigt, daß der Meeresspiegel damals noch um mindestens 35cm niedriger lag als bei den Sturmfluten von 1962 und 1976. Auch über jene verheerende Sturmflut, die im Oktober 1634 das alte Nordstrand zerstörte, sind einige Markierungen und Schätzungen bekannt. Sie war mit etwa 5m über NN so hoch wie die Sturmflut vom Februar 1962.

Heftigkeit und Höhe einer Sturmflut sind aber nicht das alleinige Kriterium der angerichteten Schäden und Opfer. Entscheidend ist vielmehr der Zustand der Deiche und anderer Küstenschutzwerke zur Abwehr der Naturgewalten.

Anfang September 1974 richtete eine plötzliche Sturmflut an den Strandkörben der Bäderinseln Sylt, Föhr und Amrum einen erheblichen Schaden an

Die großen Fluten

Rungholts Ende

Aus dem ersten Jahrtausend unserer Zeitrechnung sind nur einige wenige, vage Sturmflutdaten bekannt, darunter jene des Jahres 516, die von Erdbeben, Erdsenkungen und seltsamen Umwälzungen ganzer Landflächen begleitet wurde und so schrecklich war, daß sie bis in unsere Zeit überliefert ist. Erst nach der Jahrtausendwende werden Nachrichten über Sturmfluten häufiger, doch beziehen sich die meisten Angaben auf die südliche Nordseeküste mit West- und Ostfriesland. Über Sturmfluten der Jahre 1162, 1164 und 1170, die Nordfriesland betrafen, heißt es in der »Chronik der friesischen Uthlande« von C. P. Hansen, daß sie große Schäden anrichteten und die Küstenbewohner gezwungen wurden, ihre Deiche zu verstärken.

Aus dem nachfolgenden Jahrhundert werden in den Jahren 1216 und 1287 besonders schwerwiegende Sturmfluten gemeldet, wobei 1216 in Nordfriesland und Dithmarschen an die 10000, 1287 längs der deutschen Nordseeküste an die 50000 Menschen ertrunken sein sollen. Die Zahlen über Ertrunkene dürften jedoch stark übertrieben, immerhin aber auch Ausdruck der furchtbaren Ereignisse und Auswirkungen dieser Naturkatastrophen sein.

Keine andere Sturmflut jedoch hat sich so unheilvoll ausgewirkt für Nordfriesland, wie die vom 16. Januar 1362 – die »Marcellusflut«, auch »Groote Manndränke« genannt. Sie wirkte sich an der gesamten deutschen Nordseeküste aus und soll etwa 200000 Menschen das Leben gekostet haben. In den Norder Jahrbüchern heißt es, daß der sich gegen Mitternacht erhebende Sturm so fürchterlich raste, daß feste Gebäude, Kirchen, Türme und starke Bäume umgeweht wurden. Und die »Chronicon Eiderstadense« berichtet: »Um Mitternacht, da ging die allergrößte Manndränke, da ertrank das meiste Volk aus den Uthlanden . . .« Auch der Chronist Heimreich notierte, daß »der mehreste Teil des Volkes, so von der Pest, die Anno 1351 grassierte, übrigblieb, ertrank«. Eiderstedt wurde vom Festland gelöst, als bei dieser Sturmflut der Milderdamm brach, und nach den Angaben eines Ablaßbriefes mußten in der Folgezeit fast 60 Kirchen »ausgedeicht«, also als verloren aufgegeben werden. Breite Ströme und Wattenflächen

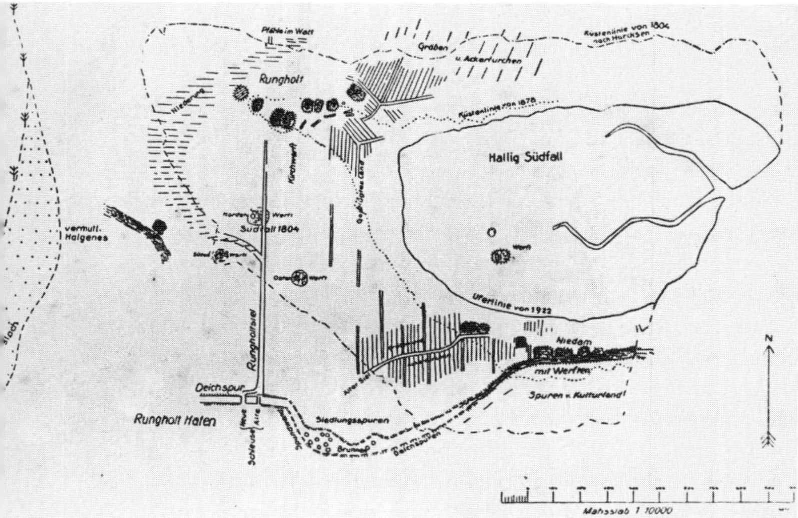

Nordwestlich und westlich der Hallig Südfall wurden im Jahre 1921 die letzten Spuren Rungholts entdeckt und in jahrzehntelanger Arbeit durch Andreas Busch rekonstruiert.

Ein Brunnenring aus Kleisoden im Rungholt-Watt

rissen zwischen den Inseln und Halligen auf. Die Flut drang vielerorts bis an den Geestrand des Festlandes und verwandelte die vor der Geest liegende Marsch in Wattenbuchten, in denen eine Vielzahl größerer und kleinerer Halligen zurückblieb. Nordstrand erhielt eine bogenförmige Gestalt, und an der Westküste von Sylt ging der alte Friesenhafen Wenningstedt zugrunde, ebenso das alte List.

Das markanteste, durch Sage und Geschichte noch bis in die Gegenwart hineinklingende Ereignis dieser Sturmflut war jedoch der Untergang des Hafenortes Rungholt, der in der Edomsharde am Heverstrom lag und ein Handelszentrum Nordfrieslands war. Da Sturmfluten im abergläubischen Mittelalter in erster Linie nicht als Naturerscheinungen, sondern als Strafgerichte Gottes angesehen wurden, ist es kein Wunder, daß auch der Untergang Rungholts in Zusammenhang mit einer entsprechenden Sage steht, die der Chronist Heimreich aufgeschrieben hat. Danach soll in dem wohlhabenden Ort viel gotteslästerliches Volk gewohnt haben, von denen einige eines Nachts die heiligen Sakramente verhöhnten, indem sie den Priester zu einer Sterbenden, in Wahrheit zu einer trunken gemachten und verkleideten Sau, baten. Der Priester soll daraufhin Gott um die Bestrafung der Übermütigen gebeten und alsbald den Ort mit seiner Magd und einigen Jungfrauen verlassen haben. Am folgenden Tage hat sich dann ein ungestümer Wind erhoben und die Nordsee über die Deiche von Rungholt getrieben, so daß alle Einwohner ertranken.

Rungholt ist aber vor allem bekannt geworden durch die Literatur und Geschichte, voran durch Detlev von Liliencron, der in seinem Gedicht »Trutz, Blanke Hans« Rungholt als eine reiche Stadt schildert. Dieses Gedicht, das in der Zeit von 1882–83 entstand, als Liliencron Hardesvogt auf Pellworm war, stand früher in allen deutschen Schulbüchern. Von besonderer Dramatik ist die letzte Strophe:

> Ein einziger Schrei – die Stadt ist versunken
> und Hunderttausende sind ertrunken.
> Wo gestern noch Lärm und lustiger Tisch,
> schwamm anderen Tages der stumme Fisch.
> Heut bin ich über Rungholt gefahren,
> die Stadt ging unter vor fünfhundert Jahren
> Trutz, Blanke Hans.

Der Sage nach soll Rungholt einst wieder auferstehen, und dies ist bereits in gewisser Weise geschehen. Im Jahre 1921 nämlich wurde der Nordstrander Landwirt und Heimatforscher Andreas Busch durch Arbeiter des Wasserbauamtes auf die Vielzahl von Kulturspuren nahe der Hallig Südfall hingewiesen und nach mehrfachem Durchstreifen des Wattenmeeres ahnte er bald, daß diese umfangreiche Fundstätte nur der Überrest eines bedeutenden Ortes und dieser Ort nur Rungholt gewesen sein könne. Auf dem Watt nordwestlich und südwestlich von Südfall konnte Andreas Busch dann in jahrzehntelanger, intensiver Forschungstätigkeit 9 Warften, darunter die Kirchwarft, zahlreiche Sodenbrunnen, Pflugfurchen, Entwässerungsgräben, das Siel mit Schleuse und Hafen und eine Reihe von 7 Warften, zu »Lütke Rungholt« gehörend, auf dem Rungholtdeich am Hafen entdecken und identifizieren. Weitere 7 Warften lagen weiter östlich im Niedamm-Gebiet, das ebenfalls zusammen mit Rungholt im Jahre 1362 unterging. Bis zu seinem Tode im Jahre 1972 hat Andreas Busch an seinem Lebenswerk gearbeitet, aber noch immer ist das Rungholt-Watt eine vielbesuchte Stätte, und immer wieder werden neue, ergänzende Funde gemacht, darunter Töpfe und sonstiges Hausgerät, Tierskelette, Menschengebein, vom Wattenschlick geschwärzt und konserviert.

Ein Rest an Geheimnis bleibt jedoch für alle Zeiten bewahrt: Rungholt lag, wie auch andere, im 14. Jahrhundert zerstörte Siedlungen, unter neu aufgeschlickten Watten und aufgewachsenem Halligland. Und erst in dem Maße, wie die Hallig Südfall in den letzten Jahrhunderten zerstört wurde, tauchten die Reste von Rungholt wieder auf. Seit 1936 aber ist das Halligufer durch eine Steindecke gegen weiteren Abbruch geschützt und damit bleiben letzte Rungholtspuren unter Südfall begraben.

Die Allerheiligenfluten

Nach der Sturmflut von 1362 trat, abgesehen von einer Reihe höherer Fluten, die jedoch keine nennenswerten Verluste an Menschen, Vieh und Land nach sich zogen, eine längere Ruhepause ein. Erst Allerheiligen, am 1. November 1436, ragt wieder eine Sturmflut hinsichtlich der verursachten Opfer und Schäden über andere hinaus. Nach der Chronicon Eiderstadense »ging um Mitternacht eine große Manndränke. Da ertranken in Teterbüll neun Stiege Volks und geschahen große Verwüstungen in allen Spatenlanden. Auch war der Sturm so groß, daß er viele Menschen ins Wasser wehte. Der Bürgermeister zu Tönning, Aut Detlefs, wollte eine Frau bei seinem Hause retten und stieg in einen Bottich. Aber die Woge spülte ihn vom Lande weg und er trieb über den Deich. Da winkte er mit den Händen und sagte Gute Nacht und gelobte eine Wallfahrt nach Wilsnack, wenn er sein Leben rettete. So half ihm Gott der Herr, daß er in Büsum an Land kam, und er hielt sein Gelübde. Erst nachher kehrte er nach Hause zurück und lebte danach noch manchen guten Tag«.

Die Sturmflut von 1436 trennte die Harde Pellworm vom übrigen Nordstrand. Erst reichlich hundert Jahre später, Anno 1550, konnten die beiden Inselteile durch Neulandgewinnung wieder vereint werden. Schwer betroffen wurde auch die Insel Sylt, an deren Westküste, die einige Kilometer seewärts der heutigen Küstenlinie lag, schützende Sandbänke und Wälle von der Brandung durchbrochen wurden und damit der bis in die Gegenwart andauernde Abbau dieser nordfriesischen Insel begann. Als der Priestersohn Hans Kielholt, der in Leipzig studierte, kurze Zeit nach der Sturmflut auf seine Heimatinsel Sylt zurückkehrte, fand er die Westersee-Kirche bei Alt-Rantum, in der sein inzwischen verstorbener Vater amtierte, von den Fluten zerstört. Und er berichtet weiter, »daß viel Volks ertrunken und das schöne Land so mit Wasser überlaufen sei«, daß man es nicht mehr betreten könne. Wahrscheinlich handelte es sich hier um große Marschenflächen, die westlich der Sylter Geest im Schutze der genannten Sandbänke und Wälle lagen. Mit dem Durchbruch der See begann dann auch die Entstehung der Dünen und die weitere Verwüstung des Landes. Nördlich von Alt-Rantum wurde das Kirchdorf Eidum zerstört. Die Bewohner siedelten sich landeinwärts an und begründeten einen neuen Ort namens Westerland.

Von kleineren Sturmfluten abgesehen, die nur wenige Schäden hinterließen, wird dann erst wieder in der Allerheiligennacht zum 2. November 1532 eine schwere und folgenreiche Sturmflut verzeichnet. In Eiderstedt ertranken etwa 1100 Menschen, und auf Nordstrand, wo die Flut 3 Ellen über die Deiche stieg und 18 Wehlen einriß, beklagte man 1500 Tote, zu schweigen von den Verlusten an Häusern, Hausgerät und Vieh. Unter den Ertrunkenen waren auch drei Prediger, die während einer Kindtaufe in Bupsee von der Katastrophe überrascht wurden. In Eiderstedt trieb ein Mann namens Johann Dethlefs nebst Weib und Kind mitsamt seinem Hause von Witzwort über die Eider nach Wollersum und behielt wie viele andere, die auf Haustrümmern und Heuhaufen wegtrieben, das Leben. Marschen und Köge des nordfriesischen Festlandes lagen unter Wasser. In der Kirche zu Ribe stand die Flut, ebenso in der Kirche zu Tondern 6 Fuß, etwa 1,70m hoch. Auf dem Höhepunkt dieser, sich am Tage ereignenden Sturmflut, wurde es dann aber plötzlich windstill und das eben noch wild bewegte Wasser lag wie ein blanker Spiegel auf dem verwüsteten Lande.

Noch einmal brach dann an einem Allerheiligentag das Unheil über Nordfriesland herein – eine Sturmflut, die am 1. November 1570 begann und mehrere Tage andauerte. Sie wirkte sich an der gesamten Nordseeküste, von Norwegen bis Belgien aus, kostete einigen tausend Menschen das Leben, soll aber nur geringe Landverluste verursacht haben. In Nordfriesland erlitt wiederum die exponierte Insel Nordstrand die größten Schäden. Hier blieben nur die Köge von Gaikebüll, Evensbüll, Odenbüll und Hersbüll trocken. Das Kirchspiel Westerwold mußte 200 Demat (knapp 100 ha) Land durch »Ausdeichung« preisgeben. Wie stets nach solchen Sturmfluten, wurde überall unter Aufbietung aller Kräfte und Geldmittel ununterbrochen an den Deichen gearbeitet – doch oft vergebens, weil nachfolgende Sturmfluten immer wieder neue Deichstürze und Durchbrüche zur Folge hatten. Insbesondere das alte Nordstrand kam bis zum Jahre des Unterganges, 1634, kaum noch zur Ruhe. Durch Sturmfluten in den Jahren 1574 und 1580 verlor die Trindermarsch 200 Demat Land, und als am 1. Dezember 1615 eine Flut auflief, höher als die des Jahres 1532, ertranken auf Nordstrand an die 300 Menschen. Der Moordeich, der sich von Bupsee bis Lith durch die Insel zog und viele Köge der Insel zusammenhielt, wurde schwer beschädigt. Auch in Eiderstedt und in Köge des nordfriesischen Festlandes brach die Flut ein und forderte einige hundert Menschenleben. In den Straßen von Husum und Tondern stand das Wasser, die Kirche von Rickelsbüll brach in sich zusammen, der Friedhof riß auf und Totengebeine und Särge wurden weit weggespült.

Erst nach jahrelangen Anstrengungen konnten die Deich- und Überflutungsschäden behoben werden. Doch dann trat am 26. Februar 1625 wieder eine hohe Sturmflut ein, die mit Neumond, also mit einer Springtide, und mit einer Sonnenfinsternis zusammenfiel. Die im Wattenmeer lagernden Eismassen »häuften sich im wilden Ge-

Die bogenförmige Insel Alt-Nordstrand vor der Zerstörung im Jahre 1634 und die heutigen, stark umrandeten Reste Pellworm, Hallig Nordstrandischmoor und Nordstrand.

Sturmflut! Alle Mann auf den Deich

tümmel des Sturmes und der Wellen wie Berge auf, schoben sich gegenseitig mit großer Gewalt vorwärts gegen die Deiche, wogegen nichts halten konnte. Die Deiche in Eiderstedt, auf Nordstrand und Föhr widerstanden daher nicht und wurden durchbrochen . . .« Mancherorts aber legten sich die Eisschollen wie ein schützender Wall vor den Deich und wehrten die Sturmflut ab. Dieses eigenartige Ereignis nährte natürlich einmal mehr den Glauben vom Strafgericht und von der Gnade Gottes.

Nachfolgende Stürme setzten den Nordstrander Deichen wieder hart zu und man mußte fremde Arbeiter anheuern, um der Deichpflicht zu genügen und die Deiche wieder instand zu setzen. Endlich glaubten die Nordstrander, sie könnten ruhig hinter sicheren Deichen schlafen, und Ocke Levsen ließ sich vernehmen, nun habe man einen »eisernen« Ring um die Insel, während der Deichgraf der Geestinsel Risum seinen Spaten in den neugemachten Deich stieß und zur See hinausrief: »Trutz nun, Blanke Hans!« Amtliche Akten bezeugen jedoch, daß seitens der Landesherrschaft die Deiche der Insel Nordstrand keineswegs als im besten Zustande anerkannt wurden. Jedenfalls erhielten die Insulaner durch Beauftragte des Herzoges die Aufforderung, »ihre Halsstarrigkeiten und Zwistigkeiten gegeneinander zu unterlassen« und die Deiche zu verstärken.

Der Untergang von Alt-Nordstrand

In jener Zeit sind Küste, Wattenmeer, Inseln und Halligen Nordfrieslands schon in etwa karthographiert, seit den 1640er Jahren dann auch verhältnismäßig genau durch den erwähnten Husumer Mathematicus Johannes Mejer. Auch das Bild der großen Insel Alt-Nordstrand, wie es vor der Zerstörung war, ist gut bekannt. Die bogenförmige Insel bedeckte den größten Teil des heutigen Wattenmeeres zwischen den Halligen Nordmarsch-Butwehl-Langeneß im Norden und dem Heverstrom im Süden. Eine kurz vor der Sturmflut erfolgte Vermessung ergab einen Flächeninhalt von 44338 Demat, also etwa 220 Quadratkilometern einschließlich des »Wüsten Moores«, das in anderen Größenangaben nicht mit aufgezählt ist, weil es nicht landgeldpflichtig war. Verwaltungsmäßig bestand die Insel aus drei Harden, der Pell-

Der Untergang von Alt-Nordstrand – Fensterbild von Franz Griesenbrock im Momme-Nissen-Haus auf Pellworm.

wormharde, der Beltringsharde und der Edomsharde. Sie trug in 22 Kögen 22 Kirchen und rund 1400 Häuser und hatte etwa 8800 Einwohner.

Am 11. Oktober 1634 brach mit einer Sturmflut über Alt-Nordstrand und anderen Gebieten Nordfrieslands eine Katastrophe herein, wie sie in diesem Umfange wohl nur mit der Sturmflut von 1362 vergleichbar ist. Nach der »Klagepredigt« des Gaikebüller Pastors Lobedanz und einem Bericht des Chronisten Heimreich sowie anderer Augenzeugen dieses Ereignisses, setzte gegen Mittag des 11. Oktobers bei Neumond, bei Springtide, Regen und Wind aus Südwest ein, zunächst noch mäßig, so daß die sturmgewohnten Insulaner keinen Argwohn hegten. Als dann aber der mittlerweile zum Sturm gewachsene Wind sich nach Anbruch der Dunkelheit zum Orkan entwickelte und nach Nordwest drehte, stieg die Flut so rasch auf, daß das Wasser schon um 9 Uhr, bei halber Flutzeit, über die Deiche ging. Rollender Donner und über den Nachthimmel brennende Blitze steigerten die Dramatik dieses Naturschauspieles, das binnen weniger Stunden ein Vernichtungswerk vollendete und damit die größte und reichste nordfriesische Insel zerstört hatte. Anton Heimreich schreibt in seiner »Nordfresischen Chronick«, »daß man niemals zuvor eine solche Flut vernommen, viele tausend Menschen und Vieh ersäufet, Häuser und Güter weggeführet und solchen Schaden getan, daß es nicht zu beschreiben. Die finstere Nacht hat vielen die große Gefahr verborgen, ihnen auch alle Mittel geraubt, derselben zu entkommen. Viele sind in ihrem Bett bei sicherem Schlaf weggetrieben, andere haben davon fliehen wollen und sind neben ihren Häusern und Gütern von den Wellen weggeführet. Viele haben sich, ihre Weiber und Kinder mit Stricken aneinander gebunden, daß also die grausamen Wellen sie im Tode nicht trennen möchten. Andere haben sich mit ihren Hausgenossen auf ihre Dächer begeben und sind auf denselben als auf einem Schiff herumgeführet worden, welche aber bald von den Wellen zerschlagen und also diese elenden Menschen sind voneinander getrennt, daß auf dem einen Stück der Vater, auf dem anderen die Mutter, auf einem anderen die zarten Kindlein hingetrieben. Und hat es allenthalben ein jämmerliches Ansehen gehabt, wie da unzählige tote Leut herumgetrieben . . . wie viele Männer, Weiber und Kinder auf Stükken Häuser, Bretter und Balken hingefahren und Gott und Menschen um Hilfe und Errettung angeschrien. Und ist das allergrößte Elend gewesen, daß die, solches gehöret, ihnen auf ihr klägliches Jammergeschrei nicht haben helfen können. Es ist aber die Wasserflut nicht allein gewesen, sondern es hat auch Gott der Herr viele daneben mit der Feuerrute gestrafet, indem aus Unvorsichtigkeit und Ungestüm der Winde mit Feuer ihre eigenen Häuser, darauf sie gesessen und den Tod stündlich erwarteten, hat eingeäschert, also daß sie einen zwiefachen Tod vor ihren Augen haben sehen müssen . . .«

Unter den Ertrunkenen waren 9 Pastoren. Der Pastor von Lith besaß die Gabe des »Zweiten Gesichts«. Er hatte das Unglück öffentlich vorausgesagt und fand mit 171 seiner Pfarrkinder den Tod. Sein Amtsbruder im benachbarten Morsum hätte sich retten können, wenn er, wie seine Hausgenossen, auf den Dachboden gestiegen wäre. Er weigerte sich jedoch, seine Studierstube zu verlassen und ertrank. In Evensbüll waren gerade Deichrichter und Geschworene in einem Wirtshaus zur Beratung versammelt. Sie flüchteten vor der Flut herauf auf das Dach. Als sie da oben saßen, verlangte einer, der den Humor nicht verloren hatte, noch Bier. Bald darauf bekam er mehr als genug zu trinken – das Wirtshaus brach zusammen und alle kamen in den Wellen um. Aus demselben Ort wurde eine alte Frau, Catharine Lorenses genannt, in ihrem Bett weggetrieben, strandete jedoch trokken und wohlbehalten auf der nächsten Warft. Es soll auch ein Kind in seiner Wiege unversehrt durch die brausende See an die Festlandsküste gelangt sein. Fest umschlungen trieb auch ein Brautpaar auf einem Heudiemen bei Schobüll an Land, ertrank dann aber, als der Heuhaufen in der Brandung auseinanderfiel.

Im Laufe der Nacht legte sich der Sturm, und als dann der Morgen graute, bot sich den Überlebenden ein unbeschreibliches Bild von völliger Verwüstung. Die Deiche der Insel waren an 44 Stellen bis auf den Grund durchbrochen. Von etwa 8800 Einwohnern hatten 6214 ihr Leben verloren und fast der gesamte Viehbestand, rund 50000 Stück, kam in den Fluten um. 30 Mühlen und nahezu alle Häuser, nämlich über 1300, lagen in Trümmern, nur die festeren Kirchtürme und Kirchenschiffe ragten noch unversehrt wie kolossale Grabsteine über dem wilden Chaos empor. 2633 Menschen hatten diese Schreckensnacht und den Untergang ihrer Heimatinsel überlebt, »blickten jetzt aber trostlos auf die verödeten Land- und Haustrümmer, auf die zerrissenen Deiche und das frei ein- und ausströmende, erbarmungslose Meer, auf die im Schlamm umherliegenden Menschen- und Tierleichen, auf die zerstörten und verdorbenen Vorräte und vor allem auf den nahen Winter mit seinem Frost, mit neuen Stürmen und neuem

Elend, und auf ihr eigenes nacktes Dasein inmitten dieser wilden Elemente« (C. P. Hansen).

Auch in Eiderstedt waren die meisten Deiche schon Stunden vor Mitternacht gebrochen und das Land überflutet worden. »Die Luft war voller Feuer, der ganze Himmel brannte«, berichtete der aus Koldenbüttel gebürtige Chronist Peter Sax. Rund 2100 Menschen ertranken, 664 Häuser wurden zerstört und unschätzbar war der Verlust an Vieh. Nicht viel anders sah es an der nordfriesischen Festlandsküste aus. In der Nordergoesharde wurden rund 800 Tote, in der Karharde 115, in der Böckingharde reichlich 400 und in der Wiedingharde 143 Tote beklagt. Auf den Halligen hatten 194 Menschen und fast alle Haustiere ihr Leben verloren. Insgesamt hatte diese Sturmflut vom 11. Oktober 1634 fast 10000 Menschen das Leben gekostet. Nur auf den hochliegenden Geest- und Düneninseln Sylt, Amrum und Föhr hatte es nur wenige Tote gegeben.

Nach dieser großen Sturmflut bot sich von einem Tag zum anderen wieder einmal ein ganz neues Landschaftsbild Nordfrieslands. Die Insel Alt-Nordstrand war in mehrere Einzelteile auseinandergerissen, die von den wenigen Überlebenden nicht wieder zusammengedeicht werden konnten. Es gelang zunächst nur, mit Hilfe eines finanzkräftigen Holländers namens Cornelius Jansen Allers, die zerstörten Deiche der Pellwormharde zu reparieren und diesen Inselteil zu erhalten. Ein weiterer Inselrest, das heutige Nordstrand, konnte dann erst nach 1656 durch niederländische Partizipanten wiedergewonnen werden. Der größte Teil der Insel aber, rund 160 Quadratkilometer, war verloren, die jahrtausendelangen Landverluste hatten ihren Höhepunkt erreicht. Weiterem Landraub des Meeres setzten Küstenbewohner und Insulaner nun eine verstärkte Neulandgewinnung und einen verbesserten Deichschutz entgegen. Nur die Halligen blieben noch bis zum Beginn des Uferschutzes gegen Ende des 19. Jahrhunderts weiterhin im Abbruch.

Die Weihnachtsflut Anno 1717

Der Sturmflut von 1634 folgte nun wiederum eine sehr lange Zeit der Ruhe, in der es wohl eine Reihe hoher Fluten gab, darunter aber keine, die Menschenleben forderte und unreparable Schäden hinterließ. In dieser Periode gelang es, mehrere Köge auf Pellworm und dem neuen

Totenschädel und -Gebein, Töpfe und andere Hausgeräte aus dem Halligwatt sind zusammen mit Siedlungsspuren die letzten Zeugen großer Sturmfluten

Nordstrand zu gewinnen und umfangreiches Neuland in der Dagebüller Bucht zu bedeichen, aber auch, vielerorts die Deiche zu verstärken und in eine bessere Form zu bringen. Wie wichtig gerade letzteres war, sollte sich dann in der nächstfolgenden großen Sturmflut erweisen, die am Weihnachtsabend im Jahre 1717 auftrat und ohne Zweifel eine noch größere Katastrophe verursacht hätte, als die Flut von 1634, wären die Deiche nicht in gutem Zustand gewesen. In Husum lief diese Flut 2–3 Fuß höher auf, als Anno 1634. Auch auf Pellworm und Nordstrand wurde eine ähnliche Höhe festgestellt. Längs der dänischen, deutschen und niederländischen Nordseeküste standen etwa 6000 Quadratkilometer der Küstenmarsch unter Wasser, bis tief hinein in das Binnenland. Insgesamt ertranken rund 11500 Menschen, davon etwa 8500 in Ostfriesland, im Jeverland und in Oldenburg. In Nordfriesland hielten sich die Verluste jedoch in Grenzen. Auf den Halligen waren etwa 50 Tote sowie der Verlust des Viehs und der meisten Häuser zu beklagen, und in Eiderstedt ertranken 54 Menschen.

Heinrich Heimreich, der als Pastor und Chronist seinem schon erwähnten Vater im Amte gefolgt war, erlebte diese Sturmflut auf der Hallig Nordstrandisch-Moor. Er berichtet, daß die Stärke des Sturmes zu keiner Befürchtung Anlaß gegeben habe, zumal auch der Mond im letzten Viertel stand, also Nipptide war. Gegen 2 Uhr in der Nacht sollte Niedrigwasser sein, doch bei heftiger werdendem Wind kehrte die Flut lange vor der Zeit mit großer Geschwindigkeit zurück. Vielleicht wäre die Familie Heimreich wie andere Halligbewohner von der Flut im Schlafe überrascht worden und ertrunken, wenn nicht die 17jährige Tochter von bösen Ahnungen kurz vor Mitternacht aus dem Schlaf aufgewacht wäre und geklagt hätte: »Ach Mutter, es weht so stark – in dieser Nacht ertrinken wir.« Vergeblich versuchte die Mutter das Mädchen zu beruhigen. Da, gegen 3 Uhr, erhob sich der Vater, um nachzusehen. Die Bestürzung war groß, denn in der ersten Flutstunde lag die Hallig schon »Land unter« und unheimlich rasch begann das Wasser an der Warft hochzusteigen. Kaum hatte die Familie sich angekleidet und ein Morgengebet gesprochen, »als die Meereswellen in das Haus einzuschlagen begannen . . .« Unter Zurücklassung allen Inventars retteten sich die Hausbewohner in aller Eile hinauf auf den Dachboden. Wenig später warf die Brandung die äußeren und inneren Mauern des Hauses um und brauste offen durch alle Räume, Betten, Kleidung, Tische, Schränke und andere Hauseinrichtungen sowie eine Bibliothek mit 3 bis 400 Büchern forttreibend.

Heimreich berichtet dann weiter, daß 2 Kühe und 13 Schafe mit Gebrüll und Blöken vor ihren Augen ertranken und der auf den Ständern ruhende Dachteil des Hauses derart schwankte, daß sie selbst den Tod vor Augen sahen. Die Kirche wurde »gäntzlich ruinieret«. Ein gleiches Unglück hat auch die Kirchspielbewohner betroffen, indem ihre Häuser bis auf wenige übel verwüstet und auf Ständern öde stehen blieben, also in dieser kleinen Gemeinde 500 Schafe und 30 Kühe ertrunken sind. 3 Häuser sind mit Mensch und Vieh und allem darin niedergeschlagen und weggeschwemmt, also daß 16 Personen jämmerlich umgekommen.« Sechs Tage hielten sie, wie andere Halligbewohner, auf dem Dachboden aus, fast aller Nahrungsmittel beraubt. Erst am 30. Dezember fanden sie in Husum Aufnahme.

Dramatische Ereignisse spielten sich auch auf den übrigen Halligen ab. Auf Nordmarsch ertranken ebenfalls 16 Menschen. Eine Familie hier hatte bereits ein Kind durch das eindringende Wasser verloren, als der Vater ein anderes durch die Wellen zum Nachbarhaus trug und dort auf das Dach setzte. Dann kehrte er zurück, um seine Frau und die anderen Kinder zu retten, doch letztere waren der Mutter schon entrissen, so daß nur er, seine Frau und der auf das Dach gesetzte Sohn ihr Leben behielten.

Auf Pellworm gab es kaum Menschenleben zu beklagen. Wegen des guten Zustandes der Deiche brachen diese erst bei schon fallendem Wasser, so daß es lediglich zu erheblichen Überschwemmungen kam. In den betroffenen Kögen stand die Flut nur 3–4 Fuß hoch, während die Einwohner im Schlafe lagen und erst am Morgen die Fluteinbrüche entdeckten. Nur auf den Deichen des Westerkooges und Norderkooges »ist das Elend groß gewesen, weil die ungestümen Meereswellen über die Deiche gingen und die Häuser darauf niederschlugen, auch mehrere Menschen erbärmlich umkamen . . .« Eine Anfang 1718 vom dänischen König Friedrich IV. eingesetzte Kommission ermittelte für Pellworm einen Schaden von knapp 80000 Reichstaler.

Auch auf Nordstrand ertranken nur 5 Menschen. Hier fügte es sich, daß die katholischen Einwohner Christmette feierten und erst gegen Mitternacht aus der Kirche kamen. Als sie wegen des Unwetters über den Deich blickten und die während der Ebbezeit bereits wiederkehrende Flut erblickten, warnten sie ihre evangelischen Mitbürger, so daß sich die gefährdeten Bewohner aus den Häusern unmittelbar hinter den Seedeichen in Sicherheit bringen konnten.

Umfangreiche Deichbrüche entstanden auf Föhr, die Marsch wurde

4 Ellen (etwa 3,30m) hoch überflutet und das Wasser drang in viele tiefer gelegene Häuser ein, die am Rande der Geest lagen. Stets waren bei solchen Sturmfluten auch die, teils auf niedrigen Warften, teils auf flachen Geesthöhen liegenden Sylter Dörfer Tinnum, Archsum und Morsum durch Überschwemmung gefährdet. In Archsum brach die Hütte einer alten Frau zusammen, die auf den Trümmern ihres Hauses von den Wellen hinweggetragen wurde, »bei ihrer Abreise aber mit großer Seelenruhe ihrem staunenden Nachbar zurief: Gute Nacht, Buh Tamen!«

Nach der Sturmflut legte sich der Winter mit Ostwind und Frost auf das Watt, aber die Ruhe war trügerisch. Am 25. Februar 1718 erhob sich erneut ein Sturm aus Südwest, stärker noch als in der Weihnachtsnacht 1717. Brandung und Eistrümmer wirkten sich wiederum verheerend für die noch nicht oder nur notdürftig reparierten Deiche, Warften und Häuser aus. Die Halligen litten besonders, hier wurden die gereinigten Fethinge wieder mit Salzwasser vollgeschlagen, so daß sich erneut eine katastrophaler Mangel an Trinkwasser bemerkbar machte. Fast alle Köge des nordfriesischen Festlandes waren überflutet, ebenso die Marsch der Insel Föhr. Aus dem Wyker Hafen trieben mehrere Schiffe weit in das Land hinein.

Die nachfolgende Zeit wurde genutzt, um die Deiche nicht bloß wieder instand zu setzen, sondern auch nach Maßgabe des Wasserstandes von 1717 zu erhöhen. Und abermals zahlte sich diese vorausschauende Anstrengung aus, als am 31. Dezember 1720 eine weitere Sturmflut auflief, etwa 1–2 Fuß höher als die Flut von 1717, jedoch auf verstärkte Deiche stieß. Dennoch brach der Föhrer Deich, so daß es zu einer erneuten Überflutung der Marsch kam und die Bewohner niedrig gelegener Häuser genötigt wurden, diese abzubrechen und höher auf der Geest wieder aufzubauen. Auf Sylt wurde eine alte Jungfer namens Maren Bleicken, wohnhaft in Morsum, mitsamt ihrem Bett von der Flut entführt und bald darauf tot aufgefunden.

Auch auf den Halligen gab es einige Tote zu beklagen. Auf Nordmarsch hatte sich eine Frau mit einem gerade erst vor drei Wochen geborenem Säugling und einem zweijährigen Kind hinaus auf das Dach gerettet, doch dieses brach in den Wellen zusammen, so daß die Mutter, mit je einem Kinde im Arm, in der Flut versank. Hingegen konnten 12 Personen, darunter mehrere Kleinkinder, aus einem Haus auf der Hallig Nordstrandisch-Moor durch ein Loch auf das Dach klettern, wo sie in Regen und Kälte stundenlang ausharrten, bis das Wasser soweit gefallen war, daß sie zum benachbarten, höher gelegenen Pastorat gelangen konnten.

Neue Stürme nach Jahren der Ruhe

Nach diesen schweren Sturmfluten blieb die Nordsee wieder jahrzehntelang in ihren Grenzen und gewährte den Küstenbewohnern in der relativen Ruhezeit die Möglichkeit weiterer Neulandgewinnung und Koogeindeichungen. Erstaunlich, daß die unter der ständigen Bedrohung der Naturgewalten stehenden Nordfriesen diese Arbeit noch neben der Verteidigung ihres Landes zu bewältigen vermochten!

Doch in den Jahren 1751 und 1756 ereigneten sich zwei Sturmfluten, die sich besonders folgenschwer für die Partizipanten des neuen Nordstrands auswirkten. Der Deich des gerade gewonnenen und besiedelten Christians-Kooges wurde durch diese beiden Fluten völlig abgetragen und damit der Koog wieder in Vorland verwandelt. Nach den hohen Kosten der Bedeichung gelang es den niederländischen Partizipanten nicht, die zusätzlichen Reparaturkosten in Höhe von etwa 50000 Reichstalern aufzubringen. Viele gerieten in Schulden und Konkurs und mußten ihren Besitz auf Nordstrand aufgeben. An ihre Stelle traten nun wieder Nordfriesen.

Die Sturmflut des 9. September 1751 brach auch in Eiderstedt und Pellworm ein und vernichtete dort das zur Ernte anstehende Korn. Den Bewohnern von Amrum und Sylt wurde dagegen ein reicher »Strandsegen« beschert. Es strandeten bei diesem Sturm nicht weniger als 21 Schiffe, die Strände waren mit Schiffstrümmern und Schiffsgütern überladen und manches Faß Wein rollte den Insulanern vor die Tür. Ähnlich wirkte sich eine Sturmflut am 7. Oktober 1756 aus. Fast alle Köge auf Nordstrand und Pellworm, zwei Köge in Eiderstedt sowie der Porrenkoog und die Hattstedter Marsch bei Husum, wurden überschwemmt. Auf Hallig Gröde standen gleichsam die Toten auf, als die Brandung den Friedhof wegriß und die Särge herausspülte, von denen einige mit den herunterbrechenden Mauern in die Stuben des Pastorates trieben. Auf Sylt und Amrum aber wurden wieder zahlreiche Strandungsfälle registriert.

Wie stets bei solchen Sturmfluten, waren die Betroffenen mit ihrer Not ganz auf sich selbst angewiesen. Entsprechend den Bestimmungen des unverändert gültigen »Spadelandrechtes« waren alle Bewohner eines Kooges nach erfolgten Deichbrüchen und Überschwemmungen zur Wiederherstellung des Deiches verpflichtet. (Siehe auch S. 71) Von der Landesherrschaft, dem Herzogsschloß Gottorf zu Schleswig, war keine unmittelbare Hilfe zu erwarten, außer dem Nachlaß an Landsteuern, dem sogenannten Dematgeld. Später wurden dann auch Kredite gewährt, deren Rückzahlung sich aber oft über Jahrzehnte hinzog und zeitweilig ausgesetzt werden mußte, weil neue Sturmfluten neue Schäden und Kosten verursachten. Insbesondere die Insel Pellworm verzeichnete in dieser Hinsicht eine jahrhundertelange, tragische Geschichte. Nach Sturmfluten im Dezember 1792, im Januar, Februar und März 1793 und im Januar 1794, waren die Pellwormer Deiche derart ruiniert, »daß nur noch Überbleibsel wie Felsstücke aus dem Wasser ragten . . .« Die Pellwormer Grundbesitzer mußten ihre Ländereien, deren Wert insgesamt auf 510000 Reichstaler geschätzt wurde, für 260000 Rtr. als Pfand an die Creditkasse verschreiben. Manchen Grundbesitzern wuchsen die Schulden über Kopf und Deich, sie gerieten in Konkurs oder »steckten den Spaten« auf das von ihnen zu unterhaltende Deichstück – als Zeichen, daß sie ihr Land nach dem 8. Artikel des Spadelandrechtes aufgaben bzw. anderen überließen. Dies war auch andernorts nach großen Sturmflutschäden der Fall. Erst im Jahre 1803 besserten sich diese Verhältnisse – die Königliche Regierung zu Kopenhagen erließ ein »Allgemeines Deich-Reglement« und griff nun auch verstärkt in die Verwaltung und Ausübung des Deich- und Küstenschutzes ein.

Die Sturmflut von 1825

Im nachfolgenden 19. Jahrhundert wurden nur wenige Sturmfluten verzeichnet, die größere Schäden oder gar Landverluste verursachten, wobei natürlich auch der laufend verbesserte Deichschutz eine Rolle spielte. Dieses Kriterium gilt letzten Endes auch für die bisher höchstgemessene aller Sturmfluten, die in der Nacht vom 3. auf den 4. Februar 1825 auflief, an der nordfriesischen Festlandsküste aber auf standhafte Deiche stieß, so daß hier eine mögliche Katastrophe ausblieb. Lediglich in Eiderstedt gab es einige Deichbrüche und Überschwemmungen, bei denen jedoch keine Menschenleben zu beklagen waren.

»Nach der Sturmflut«, Gemälde von Carl Ludwig Jessen

Anders sah es jedoch auf den Inseln Nordstrand, Pellworm, Föhr und vor allem auf den Halligen aus, die von dieser Sturmflut am stärksten betroffen wurden. Von Nordstrand wird berichtet, »daß die Flut mit derartiger Gewalt kam, daß jede Abwehr durch Verstopfung mit Erdsäcken, Rappsaatsegeln und Kistendämmen unmöglich war. Der Deich des Neuen Kooges wurde um 2 Uhr, der Deich der Trendermarsch um 3 Uhr nachts durchbrochen. In dieser Lage war nur daran zu denken, Menschen und Vieh auf schnell zusammengestellten Flößen zu retten. Jedenfalls sind nur zwei Menschen ertrunken . . . unübersehbar aber ist der Verlust an Vieh, besonders an Schafen . . . Groß ist der Mangel an Süßwasser, daher ist auf dem Lande das entsetzliche Gebrüll des durstenden Viehs zu hören . . . « Schwer gelitten hatten auch der Alte Koog, der Osterkoog und der Elisabeth-Sophien-Koog, obwohl es hier keine Grundbrüche an den Deichen gegeben hatte. Der Schaden an Wohnungen, Vieh, Ländereien und Saat wurde auf 108700 Reichsbanktaler, der Schaden an den Deichen auf 60328 Rtl. geschätzt.

Die benachbarte Insel Pellworm wurde vollständig überflutet, obwohl an den Deichen keine Grundbrüche zu verzeichnen waren. Nach

Maßgabe der Sturmflut im Jahre 1792 waren die Deiche zwar um 3–4 Fuß erhöht worden, doch stieg die Flut vom Februar 1825 so hoch, daß das Wasser überall über die Deiche lief und große Schäden an den Innenböschungen anrichtete. Wie andernorts, so wurden auch die Pellwormer von der Flut völlig überrascht, zumal der Sturm nicht annähernd so stark war, wie einige Male im Herbst des Vorjahres 1824. Auf Pellworm ertranken nur zwei Menschen, aber nicht infolge der Überflutung, sondern weil sie auf einem mangelhaften Floß herumfuhren, um Treibgut zu fischen, und dabei das Floß plötzlich auseinanderbrach.

Auch der Föhrer Deich hielt den Fluten nicht stand. Er soll sich allerdings in einem weniger guten Zustand befunden haben, da auf Föhr der Deichbau nicht von jener Bedeutung war, wie beispielsweise auf Pellworm oder Nordstrand. Die Dörfer lagen sturmflutsicher auf der höheren Geest und die Föhrer suchten ihren Erwerb in jener Zeit mehr bei der Seefahrt als in der Landwirtschaft. Bei der hohen Flut von 1825 wurden aber nicht nur die Marsch, sondern auch niedrig gelegene Dorfteile überflutet. In Utersum, Dunsum, Süderende, Oldsum, Toftum und Klintum stürzten mehrere Häuser ein, wobei eine Frau ertrank und eine andere von Haustrümmern erschlagen wurde. Wie andernorts, hatten die Föhrer keine so hohe Flut befürchtet und sich schlafen gelegt. Mehrere Einwohner wachten erst auf, als die Flut schon in ihre Stuben drang, so daß sie beim Aufstehen in knietiefes Wasser gerieten. Niemand hatte, die Gefahr erahnend, die Schafe aus der Marsch getrieben – infolgedessen ertranken sie fast alle, rund 4000 an der Zahl. Die Vogelkojen wurden völlig ruiniert. Allein für Westerlandföhr wurden die Flutschäden mit rund 40000 Mark Courant beziffert. Weitere 50000 Mark Courant kostete die Reparatur des Deiches. Auf Osterlandföhr waren die Schäden geringer. Hier bot man vom 9. Mai an täglich 300 Mann und 100 Fuhrwerke auf und setzte den Deich bis Ende August wieder instand. Nach einer Mitteilung des Süderender Kaufmannes C. D. Roeloffs begannen die Einwohner von Westerlandföhr am 22. Februar mit der Wiederherstellung ihres Deiches und arbeiteten ununterbrochen bis zum 21. September des Jahres 1825. Besondere Verdienste erwarb sich dabei der frühere Schiffskapitän Broder Riewerts. Seiner Leitung war es vor allem zu danken, daß der erheblich zerstörte Deich in so kurzer Zeit repariert wurde, weshalb er von König Friederich VI. den Danebrogorden erhielt. Zwei Bittschriften um finanzielle Hilfe an den König blieben jedoch ohne

Erfolg. Es wurden lediglich Contribution und Landsteuern für das Jahr 1825 erlassen. Und aus der in den Herzogtümern und im Königreich Dänemark durchgeführten Kollekte und Haussammlung gelangte eine Summe von 1800 Reichsbanktaler nach Föhr, über deren ungerechte Verteilung es unter den Betroffenen aber manche Verbitterung gab.

Auf Sylt drang die Flut über die Nösse-Marsch hinweg in fast hundert Häuser ein und zerstörte einige in Morsum, Archsum, Tinnum und Westerland. Das Wasser stieg hier so hoch, daß es die nördlichsten Häuser von Westerland erreichte und Archsum in 25 Inseln verwandelte. Besonders betroffen wurde das ärmliche Dorf Rantum, dessen am Wattufer liegende Häuser zusammenbrachen. Doch konnten sich die Bewohner hinauf auf die Dünen retten. Vom Roten Kliff rissen 60–70 Fuß, von den Dünen vor Westerland stellenweise 100 bis 160 Fuß weg. Auf Amrum stieg die Flut in mehrere Häuser der Dörfer Nebel und Norddorf hinein, doch konnten sich die überraschten Menschen auf der höher gelegenen Geest oder in benachbarten Häusern in Sicherheit bringen.

Furchtbar jedoch hatte diese Sturmflut auf den Halligen gewütet. Hier waren von 940 Einwohnern 74 ertrunken. Fast alle Schafe, nämlich knapp 1500 und 186 Kühe wurden ein Opfer dieser Flut. Von 339 Häusern waren 79 völlig verschwunden und weitere 233 so beschädigt, daß sie unbewohnbar galten. Der Gesamtschaden an Häusern, Kirchen, Inventar und Vieh sowie an den Warften betrug nicht weniger als 580740 Mark Courant.

Was sich auf den einzelnen Halligen an Not und Tod ereignete, hat ein unbekannter Verfasser in einer kleinen, unmittelbar nach der Sturmflut herausgegebenen Schrift mit dem Titel »Denkmal der Wasserfluth, welche im Februar 1825 die Westküste Jütlands und der Herzogthümer Schleswig und Holstein betraf« in knappen Worten mitgeteilt. Auf Hooge »mußten fast alle Bewohner auf die Böden ihrer Häuser flüchten und hier nach dem Eindringen des Wassers, welches immer höher und höher stieg, in Todesangst ihr Schicksal abwarten. Mit dem Zusammenstürzen der Häuser wurden auch die unglücklichen Bewohner derselben von den Wellen verschlungen. 24 Menschen büßten auf diese Weise ihr Leben ein. Gänzlich ruiniert sind 4 Warften mit den darauf gebauten 8 Häusern, von denen jetzt keine Spur mehr vorhanden . . .« »Auf Nordmarsch ist von 59 Häusern nur Eins in bewohnbarem Stande geblieben. 29 sind ganz zusammengestürtzt

An den festen Steindecken der Halligufer beißt sich der »Blanke Hans« die Zähne aus.

»Tetrapoden«, hier an der Strandpromenade von Westerland-Sylt, haben sich für den Küstenschutz nur bedingt bewährt.

und von den Wellen weggetrieben. 14 Personen daselbst sind ertrunken, über 200 Schafe und 63 Kühe umgekommen. Alle Feuerung ist weggeschwemmt und auf Nordmarsch derselbe Mangel an süßem Wasser wie auf Hooge . . .« »Langeneß. Daselbst sind 9 Personen ertrunken und von 53 Häusern nur 3 in bewohnbarem Zustande geblieben. Auch hier ist, wie auf Hooge und Nordmarsch, die Kirche sehr beschädigt, so daß ein Gottesdienst nicht stattfindet . . .« »Buthwehl. Ertrunken sind hier 3 Personen. Nur eine Wohnung ist noch in erträglichem Zustand, alle übrigen sind nur noch Gerippe zu nennen und den hier und da stehenden Fächern droht der Einsturz . . .« »Auf Gröde, Habel und Appeland sind von 17 Wohnungen nur 2 so weit verschont geblieben, um wenigstens noch bewohnt werden zu können . . . 14 Personen wohnen auf Habel in einer Stube . . . Die Kirche auf Gröde ist stark beschädigt. Der Zimmermann Wilhelm Andresen fand mit Frau und Kindern in den Wellen den Tod . . .« »Norderoog ist gänzlich ruiniert und für die Zukunft unbewohnbar. Nur mit genauer Noth rettete sich der Bewohner mit Frau und Magd in einem Boot, hat aber Haus und Habe, Alles verloren . . .« »Ein noch gräßlicheres Schauspiel aber bietet die Hallig Südfall, wo die sich daselbst aufgehaltenen 4 Familien, bestehend aus 13 Personen, mit Hab und Gut von den Wellen verschlungen sind und kaum noch eine Spur ihrer Häuser vorhanden ist . . .« »Die Gemeinde von Nordstrandisch-Moor schien gleichfalls von der Erde getilgt. Einige Häuser waren ganz weg, andere durchsichtig und nur ein einziges erhalten. In dieses hatten sich alle gerettet, nackt und bloß, ohne Lebensmittel . . .« Inmitten der dramatischen Ereignisse und der Todesnot um die Mitternachtsstunden auf den Halligen, fehlte es aber auch nicht an Beispielen wundersamer Rettung. Pastor Biernatzki, der von 1797 bis 1840 Pastor auf Nordstrand war und zu dessen Amtsbereich auch die Hallig Nordstrandisch-Moor gehörte, hat aus der großen Sturmflut im Februar 1825 folgenden, denkwürdigen Vorfall überliefert: »Auf der Kirchwarft von Nordstrandisch-Moor stand ein Gebäude, das Kirche, Küsterhaus und Schule vereinte. In der Sturmnacht versuchte der dort wohnende Lehrer, sich mit Frau und zehnjährigem Sohn auf den Dachboden des Hauses zu retten. Als das Haus jedoch zu knacken und schwanken begann, flüchtete er mit seiner Frau durch das Wasser, das beiden bis unter die Arme ging, zur unmittelbar nebenan liegenden Warft in das Haus von Peter Levsen. Hier angelangt, fiel dem Ehepaar ein, daß sie in der Angst und Aufregung ihren Sohn drüben vergessen hatten. An

Hallig im Sturm – ein Motiv, das auch heute noch gültig ist

Ein von der Sturmbrandung zerstörtes Hallighaus (Neu-Peterswarft, Hallig Langeneß – Orkanflut 1962)

eine Rückkehr war aber nicht mehr zu denken, denn im gleichen Augenblick stürzte die Kirche ein. Während sich die Eltern noch gegenseitig Vorwürfe um den verlorengegangenen Sohn machten, trieb dieser auf einem Heuhaufen auf das Haus von Levsen zu und konnte aus der Flut gerettet werden.

Auf einer anderen Warft befand sich eine Frau, die ihr erstes Kind erwartete. Zusammen mit ihrem Mann, der Großmutter und drei Stieftöchtern hatten sie sich auf den Heuboden gerettet. Doch das Haus brach im Ansturm der Wellen zusammen, so daß das Dach auf die Unglücklichen niedersackte und sie zu ersticken drohte. Im letzten Augenblick hob ein Windstoß das Dach und trug es davon. Hagel und Gischt prasselten nun auf die Geängstigten herab, der Heudiemen schwankte, hielt aber der Brandung stand. Am Abend des nächsten Tages konnten sie sich schließlich zum Haus von Peter Levsen retten, wo Margareta Hansen gleich nach der Ankunft einer gesunden Tochter das Leben schenkte.

Am Hause von Levsen war die Flut bis zur dritten Fenstersposse gestiegen, aber es blieb von der Zerstörung verschont. Wochenlang diente es den 42 Halligbewohnern als Unterkunft. Es war ein Glück, daß kurz vorher ein Schiff mit Weinfässern gestrandet war und manches Faß in den Haustrümmern umherrollte. So gab es wenigstens, da alle Süßwasservorräte durch die Salzflut verdorben waren, genügend zu trinken. Es trieben auch zahlreiche Südfrüchte an.

Eines dieser Weinfässer rettete in der Unglücksnacht auf Nordstrandisch-Moor dem Strandvogt Nommen Jacobsen das Leben. Der Genannte war Witwer und wohnte mit seinen alten Eltern unter einem Dach. Als nun die Flut durch die Türen in das Haus eindrang, flüchteten die Bewohner auf den Heuboden. Unmittelbar darauf brachen die Mauern ein, so daß das Hausdach nur noch von den Ständern getragen wurde. Die Flut entführte alle Möbel und Geräte, darunter auch einen Koffer mit wertvollen Sachen. Um diesen Koffer zu retten, ließ sich Nommen Jacobsen an einer Leiter durch die Bodenluke hinab in die Flut. Doch während er den Koffer ergriff, warfen Wind und Wellen die Leiter um und trieben sie fort, so daß Nommen, bis zur Brust im Wasser stehend, nicht auf den Heuboden zurück konnte und nun den Tod vor Augen sah. Da trug eine Welle eines der großen Weinfässer heran und setzte es gerade unter der Bodenluke auf den Grund. Nommen band den Koffer an einen Ständer und schwang sich hinauf auf das Faß und von dort auf den Heuboden. Mit der nächsten

Welle war das Faß verschwunden, aber Nommen und der Koffer waren in Sicherheit.

Ein weiteres denkwürdiges Ereignis trug sich bei dieser Sturmflut auf der Hallig Langeneß zu. Auf der Ketelswarft wohnte der wohlhabende Seefahrer Broder Tadsen mit seiner jungen Frau und einem vier Wochen alten Knaben. Wie überall auf der Hallig brach auch hier die Flut gegen das Haus und stürzte Mauer um Mauer ein. Nur die Küche und ein kleines Nebengemach waren noch unversehrt, aber schon stürmten auch hier die Wellen durch die offene Tür, um ihr Vernichtungswerk fortzusetzen. Gerade in diesem Moment trieb eine Jolle herbei, stieß mit dem Bug durch die Tür und verschloß den Eingang so dicht, daß die Brandung keinen Einlaß mehr fand. So bleiben diese Zimmer unversehrt.

Noch seltsamer aber klingt der nachstehende Vorfall, der sich in Zusammenhang mit der Sturmflut von 1825 ereignete: Als sich am Morgen nach der Sturmflut zahlreiche Wyker einschifften, um den überlebenden Halligbewohnern Hilfe zu bringen, fand eines dieser Föhrer Schiffe unter der Hallig Langeneß eine im Wasser treibende Wiege. Darin lagen zwei Knaben festgebunden, naß und erstarrt, aber noch lebend. Sie wurden nach Wyk gebracht und durch das Ehepaar Lorenzen aufgezogen, das nach zehnjähriger Ehe selbst noch keine Kinder hatte. Es ließ sich nicht mehr sicher feststellen, woher die Knaben, deren Eltern offenbar ertrunken waren, stammten. Sie wurden von ihren Pflegeeltern Hinrich und Carsten genannt, fuhren später zur See und führten schließlich als Kapitäne Schiffe auf Großer Fahrt.

Wie schon erwähnt, fuhren in den Tagen nach der Sturmflut zahlreiche Schiffe, beladen mit Trinkwasser, Nahrung und Kleidung, von Wyk hinüber nach den Halligen, »wo die Überlebenden mehrenteils weinend, durchnäßt, hungernd und frierend auf den Trümmern ihrer Hütten und Werften saßen«. Rund 220 Halligbewohner wurden nach Föhr gebracht und hier einquartiert. Viele davon kehrten nicht wieder auf die Halligen zurück. Insgesamt verließen 234 Personen ihre »Heimat im Meer«, siedelten sich auf Föhr, vor allem in Wyk und Nieblum, und auf dem Festlande an.

Die materielle Not wurde jedoch, im Gegensatz zu den Verlusten bei früheren Sturmfluten, durch verschiedene Hilfsaktionen gemildert. Angesichts »des bedeutenden Schadens, welcher kürzlich durch die Überschwemmungen an der Westküste angerichtet ist«, geruhte seine Majestät, der König, neben der bereits angeordneten Collekte und Haussammlung einen Spendenaufruf zu erlassen. »Nur durch vereinigte Mildtätigkeit kann das Unglück gemildert werden, das Sturm und Wogen in einer Nacht verursacht haben. Jeder, der im Genusse seines Eigentums blieb, während viele seiner Mitbürger mit der Todesangst kämpften und darauf dem Mangel und Elend preisgegeben wurden . . . wird sich bey dieser Veranlassung . . . in dem oft erprobten Wohltätigkeitssinn bewähren . . .«, hieß es in dem Aufruf.

Von den gesammelten 115 000 Reichsbanktalern wurden 40% an die Halligen, 24% an Eiderstedt, 16% an Pellworm, 11% an Nordstrand, 7% an Föhr und knapp 2% an Sylt ausgezahlt. Ein Hilfsverein in Husum sammelte Sachwerte und eine Summe von 41 000 Reichstalern. Im Sommer des gleichen Jahres besuchte der oberste Landesherr, König Friederich VI. von Dänemark, höchstselbst die betroffenen Inseln und Halligen.

Die Sturmflut vom 3. auf den 4. Februar 1825 wirkte sich aber nicht nur in Nordfriesland, sondern an der gesamten östlichen, südlichen und niederländischen Nordseeküste aus. Insgesamt ertranken 789 Menschen und rund 45 000 Stück Vieh. 2400 Gebäude wurden völlig, 8700 teilweise zerstört. Die unerwartete Höhe dieser Sturmflut, die, wie gesagt bis heute noch nicht übertroffen wurde, hat seinerzeit Anlaß zu der Annahme gegeben, ob neben den Faktoren Springtide und Sturm auch ein Seebeben im Spiele war – eine Vermutung, die jedoch keine wissenschaftliche Bestätigung gefunden hat.

Sturmfluten in neuerer Zeit

Im weiteren Verlauf des 19. Jahrhunderts hat es dann keine schwereren Sturmfluten gegeben, die sich auch nur annähernd mit dem Ereignis von 1825 vergleichen ließen. Wohl liefen in den Jahren 1833 und 1845 hohe Fluten auf, und auch in anderen Jahren gab es Stürme und Orkane. Sie wurden aber von wiederum verstärkten Deichen abgewehrt.

Sturmfluten in den Jahren 1906, 1911 und 1914 richteten jedoch in Nordfriesland wieder erhebliche Schäden an. Die erstgenannte Flut war an der Jade höher als die Flut von 1825, lief aber nur, offenbar bedingt durch den Windstau, an diesem Küstenabschnitt so hoch auf. Die Sturmflut vom 5. November 1911, die nur etwa 30cm unter der Höhe von 1825 blieb, führte zu erheblichen Abbrüchen an der Föhrer

Die Sturmflut vom November 1911 vernichtete die Westerländer Strandanlagen und Schutzwerke

Jahrhundert um Jahrhundert verursachten Sturmfluten erhebliche Abbrüche an den Dünenküsten von Sylt und Amrum

Südküste sowie an den Stranddünen von Sylt und Amrum, deren Schutz bisher vernachlässigt worden war. Nachdem infolge der Seebadgründungen in der zweiten Hälfte des 19. Jahrhunderts diese Stranddünen in die Entwicklung mit einbezogen und mit Kur- und Badeanlagen, mit Promenaden oder gar Hotels bebaut wurden, wirkten sich Sturmfluten vor allem für Westerland auf Sylt und Wittdün auf Amrum verheerend auf diese Anlagen aus. Am Westerländer Strand zerstörte die Brandung einige der großen Restaurationshallen, Teile der hölzernen Wandelbahn, den Musikpavillon sowie das Holzbollwerk unter der Villa Baur-Breitenfeld und die Steinmauer vor dem Hotel »Miramar«. Auf Amrum brachen die Dünen am Wittdüner Südstrand in einer Tiefe von 6–8 Meter ab. Das Warmbadehaus am Strandfuß unter dem Kurhaus wurde ebenso vernichtet wie die hölzerne Wandelbahn. Von den am nächsten am Strande liegenden »Nordseehallen« fiel ein Teil herunter und andere Hotels gerieten in Gefahr, Opfer nächster Sturmfluten zu werden, darunter »Victoria«, »Vierjahreszeiten«, »Kaiserhof« und »Kurhaus«. Längs der Norddorfer Marsch riß die Sturmflut Teile des Inselbahndammes weg – und am Amrumer Strand trieben 7 Leichen ertrunkener Seeleute an.

Die Dünenabbrüche vor Westerland und Wittdün führten dann schließlich dazu, daß hier mit Kostenbeteiligung des Staates, der Stadt bzw. Gemeinde und der Anlieger die heute noch bestehenden Strandmauern errichtet wurden.

Große Sturmfluten treten bekanntlich vorwiegend im Winterhalbjahr auf, wenn sich starke Luftdruckgegensätze zwischen dem Ozean und der kontinentalen Landmasse entwickeln. Doch sind einzelne, größere Stürme, ja auch Orkane auch im Sommer zu verzeichnen gewesen, wie zum Beispiel am 31. August 1923. Die damit verbundene Flut stieg im Bereich der nordfriesischen Inseln und Halligen sowie an der Festlandsküste bis zu 3 m über das mittlere Hochwasser auf und richtete erhebliche Schäden an. Auf dem Wittdüner Kniepsand wurden die Badeanlagen vernichtet, ebenso Teile der Wittdüner Brücke. Am Strande von Norddorf rissen sich Ausflugschiffe und Fischkutter von ihrer Verankerung los und strandeten am Deich der Insel Föhr. An der Amrumer Nordspitze, wie auch längs der Westküste von Sylt gab es erhebliche Dünenabbrüche. In der Nössemarsch ertrank das Ehepaar Matzen, das, von der Flut überrascht, nur noch ihren kleinen Sohn auf einen hohen Weidepfahl retten konnte. Eine gefährliche Reise erlebten die rund 250 Passagiere, darunter 40 Kinder, mit dem kleinen Raddampfer »Freya«. Sie wurden auf der Linie Munkmarsch – Hoyer von dem Sturm überrascht und konnten weder nach Sylt beidrehen, noch auf den hoch überfluteten Hafenanlagen von Hoyer an Land gesetzt werden. Ständig in Gefahr zu stranden, hielt Kapitän Christiansen den Dampfer umherfahrend in See, bis es am nächsten Vormittag gelang, die völlig verängstigten und seekranken Passagiere in Hoyer zu landen. Am schwerwiegendsten wirkte sich diese Sturmflut jedoch an der Baustelle des Hindenburgdammes aus. Was hier in einem halben Jahr an Sand und Klei mühsam aufgeschüttet war, wurde in wenigen Stunden bis auf Reste weggespült, und es dauerte Monate, um die Baustelle wieder neu einzurichten.

Sehr hohe Sturmfluten brachte auch der Herbst des Jahres 1936. Die Strandmauer von Wittdün brach auf einer Länge von 50 Metern ein, als am 18. Oktober bei einem Weststurm mit Böen von Windstärke 11 der Beaufort-Skala die Flut am Pegel Amrum auf 2,70m über Mittelhochwasser stieg. »An der Strandpromenade von Westerland auf Sylt bot der Aufruhr der Elemente ein überwältigendes Schauspiel, das schaurig und schön zugleich war. Die ganze Nordsee war bis hin zum Horizont eine kochende, weißschäumende Fläche. Dort, wo die von der Strandmauer zurückprallende See mit einer neuanstürmenden Brandungswoge zusammenstieß, stieg jedesmal eine hohe Wasserwand in die Luft. Ein schwerer Brecher versetzte den Musikpavillon um 3 Meter. Der Sturmwind fegte die zerstäubenden Wogen bis in die zweite Querstraße des Ortes hinein. Die Luft war erfüllt von dem Rauschen, Donnern und Heulen der Naturelemente, die aufgepeitscht von der Orkanesmacht mit vereinter Kraft auf die Küste losrasten« (H. Koehn).

Orkanflut 1962

Das Jahr 1962 begann mit anhaltenden Sturmwetterlagen. Von Anfang Januar bis Mitte Februar hatten die Halligen schon 34mal »Land unter« gemeldet. Ein neues Sturmtief zog am 15. Februar herauf und steigerte sich am folgenden Tag zu Orkanwindstärken. Gegen den Druckstau des Windes lief die schon sehr hohe Flut des Mittaghochwassers am 16. Februar während der nachfolgenden Ebbezeit nur teilweise ab, so daß bei Niedrigwasser gegen 18 Uhr der Wasserstand im Bereich der nordfriesischen Inseln, Halligen und Festlandsküsten

Sturmflut 1936 an der Strandpromenade von Westerland-Sylt

Situationen, wie hier 1936 am Dockkoog vor Husum, hat es immer wieder an den Deichen Nordfrieslands gegeben. Mit Pfählen, Faschinen und Sandsäcken versucht man, die Löcher im Deich zu stopfen.

Meterhoch wurde der Hooger Friedhof überflutet. Die Grabsteine lagen, von den Gräbern geworfen, durcheinander.

Im Lee des Pastorates auf der Hooger Kirchwarft setzte die Flut diesen Krabbenkutter ab

noch bis zu einem halben Meter über dem mittleren Hochwasser lag! Und zu diesem Wasserstand sollte nun, begleitet von nicht nachlassendem Wind, das Ansteigen des Wassers über eine volle Flutzeit kommen! Die Natur hatte also ein deutliches Zeichen gesetzt.

Die unheimliche Dämmerung des 16. Februars 1962 brach herein. Ein unaufhörliches Brausen des Windes und das Brandungsrauschen des Meeres erfüllte die Luft. Die Wolkendecke war zeitweise völlig verschwunden und der Vollmond strahlte hell über die Küstenlandschaft. Springflutzeit sollte aber erst einige Tage später eintreten – ein Glücksfall, der eine größere Katastrophe verhinderte. Noch ahnten die wenigsten Insulaner und Küstenbewohner die drohende Gefahr. Und als kurz nach halb Zehn der elektrische Strom ausfiel, war es auch nicht mehr möglich, die ohnehin sehr dürftigen und ungenauen Sturmwarnungen des Rundfunks zu empfangen. Viele gingen, ihres Fernsehprogrammes durch den Stromausfall beraubt, frühzeitig und unbesorgt zu Bett – bis es, nur etwa eine Stunde später, ein unsanftes Erwachen gab.

Höhe und Gefahr dieser Sturmflut machten sich zuerst auf den Halligen bemerkbar. Fast alle Halligwarften wurden meterhoch überflutet, Hauswände durch die Brandung eingestürzt und Viehställe weggerissen. Auf Hooge zog die Flut einige Häuser derart in Mitleidenschaft, daß sie unbewohnbar blieben. Aber nicht nur die Menschen, auch das Vieh überlebte hier, teilweise in den Ställen bis zum Bauch im Wasser stehend, diese Naturkatastrophe.

Auf Langeneß brach das Vorhaus der Kirche zusammen. Und wie auf Hooge, so wurde auch hier der Friedhof verwüstet. Zahlreiche Häuser wiesen erhebliche Zerstörungen auf. Mehrere Landwirte verloren Schafe, doch war auch auf Langeneß das Großvieh trotz Überflutung der Ställe am Leben geblieben. Auf der Warft Süderhörn konnte sich das alte Ehepaar Lorenzen noch in letzter Minute auf den Boden retten, als durch den Druck des Wassers die Türen aufgesprengt und die Wohnräume in kurzer Zeit überflutet wurden. Fast alle Innenwände brachen zusammen und von den 17 Schafen und zwei Kälbern des frei stehenden Stalles ertranken alle, bis auf ein Schaf. Besonders gefährdet war das Ehepaar Petersen auf der Neu-Peterswarft ganz im Westen von Langeneß. Mit ihrem erst 18 Monate alten Sohn verbrachten sie die Sturmnacht auf dem Dachboden, als die Orkanflut plötzlich die westliche Hälfte des Hauses zum Einsturz brachte und der Wind nun ungehindert in den offenen Dachraum blies. Den völligen

Zusammenbruch ihres Hauses vor Augen, flüchteten sich die Eheleute mit ihrem Kleinkind hinüber auf einen draußen, nahe der Ostwand im Windlee stehenden Heuhaufen. Dabei fiel die Frau in das Wasser und konnte nur mit Mühe herauf auf das Heu gerettet werden.

Im Schutze der Rixwarft lag in jener Nacht das Linienschiff »Amrum«, dessen Kapitän, August Jacobs, mit wachsender Unruhe im Licht des Scheinwerfers beobachtete, wie gegen 22 Uhr zuerst Hof- und Gartenmaterial und dann Türen und Fenster von Häusern vorbeischwammen – ein untrügliches Zeichen der Fluthöhe und der Zerstörungen, die auf der Hallig angerichtet wurden.

Nicht weniger dramatisch ging es auf den anderen Halligen zu. Die Lehrerin der kleinen Schule auf Gröde verbrachte zusammen mit einigen Gästen vom Festlande die Sturmflutnacht auf übereinandergeschichteten Betten und Stühlen in ihrer Stube, weil ein auf den Dachboden hinaufgerettetes Möbelstück umgefallen und die Bodenluke blockierte, und somit der Fluchtweg nach oben versperrt war. Die in das Haus eindringende Flut stieg knapp einen Meter hoch und blieb dann in dieser Höhe stehen, obwohl erst in einer Stunde Hochwasser sein sollte. Ursache dieser Erscheinung, die eine größere Katastrophe auf Inseln, Halligen und den Deichen der nordfriesischen Festlandsküste verhinderte, war die Drehung des Windes nach Norden und damit die Verlagerung des Windstaus auf die Elbemündung – allerdings mit den entsprechenden Folgen für Hamburg, wo dann über 300 Menschen ertranken!

Wie stets bei großen Sturmfluten, lag die gesamte Sylter Westküste im Abbruch. Die hoch gegen Kliff und Dünenkanten stehende Brandung führte zu Unterspülungen und dann zum Abrutschen des Überhanges. In kurzer Zeit räumte die See die herabgestürzten Sandmassen fort und fraß sich erneut hinein in den Küstensaum. Am Ellenbogen vor dem Königshafen wurde die letzte, fast 50m breite Schutzdüne weggerissen, so daß es zu einem Druchbruch des Wassers kam. Nach neueren Vermessungen ist am Lister Strand seit dem Jahre 1870 ein Küstenstreifen in einer Breite von über 400 Metern verlorengegangen. Auch längs der übrigen Sylter Westküste sind anhaltende, umfangreiche Abbrüche festgestellt. Allein die Sturmflut vom Februar 1962 setzte die Küste um durchschnittlich 10m zurück. Dabei fielen von den nördlichen Westerländer Stranddünen einige, vor der Sturmflut rechtzeitig geräumte Gebäude, auf den Strandfuß. Erhebliche Schäden erlitt die Strandpromenade mit ihren angrenzenden Räumlichkeiten der Kurverwaltung. Das Spritzwasser der schweren Brecher stob bis hinein in das Zentrum der Stadt!

Auf Hörnum wurde das Strandcafe »Wassermann« völlig vernichtet, nachdem es schon vorher viermal abgebrochen und mit dem Küstensaum zurückversetzt worden war. Vor der Kersig-Siedlung riß die Flut hohe, schützende Stranddünen weg, und hoch stand das Wasser im Zentrum von Hörnum. Schwere Schäden wies auch der Hindenburgdamm auf.

Auf Föhr entwickelte sich die höchste Gefahr an der Westküste zwischen Utersum und Dunsum, wo Wind und Wellen zwischen Hörnum und Amrum-Odde ungehindert auf den Deich trafen. Die seeseitige Böschung des Deiches wies schwere Schäden auf und gegen 23 Uhr, also etwa eine Stunde vor Hochwasser, bestand die Gefahr eines Deichbruches. Doch dann drehte der Wind nach Norden und Föhr geriet zunehmend in den Schutz von Sylt. Und der Aufstau des Wassers gegen die nordfriesischen Inseln ließ nach, weil die Wassermassen nun nach Süden, zur Elbemündung abgelenkt wurden. Sicherlich haben aber auch die gegen 23 Uhr erfolgten Deichbrüche auf Amrum einen Rückstau, eine Entlastung bewirkt. Ein Deichbruch auf Föhr hätte nicht nur zur Überflutung des niedrigen, etwa 50 qkm großen Marschenlandes geführt, sondern auch ungleich verheerendere Folgen gehabt als frühere Deichbrüche und Überschwemmungen. Seit 1960 nämlich begann die Aussiedlung der Landwirte in die Marsch. Die Höfe stehen aber nicht auf Warften und sind deshalb ganz dem Schutz des Deiches anvertraut. Ein gegenwärtiger Deichbruch würde fast 30 Höfe gefährden und nicht nur die Bausubstanz und das Vieh vernichten, sondern auch die Menschen aufs schwerste bedrohen.

In Wyk stieg das Wasser, wie stets bei derartig hohen Sturmfluten, hoch hinauf in die Hafen- und Königsstraße und überflutete Keller und Erdgeschosse mehrerer Häuser und Hotels. Am Wyker Pegel wurde eine Fluthöhe von 3,35 m über das normale Hochwasser verzeichnet. Die Außenstelle des Deutschen Wetterdienstes am Südstrand registrierte in der Zeit vom Nachmittag bis eben nach Mitternacht des 16./17. Februars Windgeschwindigkeiten bis zu 42 m/s (Meter pro Sekunde) bzw. rund 150 km/h, also Werte, die auf der Beaufort-Skala keine genaue Bezeichnung mehr finden, weil die höchste Windstärke 12 schon ab 33 m/s gilt!

Große Schäden erlitt auch die Insel Amrum, die in der Regel auf na-

Vor Westerland stürzten Häuser samt den unterspülten Stranddünen in die Tiefe

Abbruch am Roten Kliff bei Wenningstedt. Die Hotels an der Kante mußten gesprengt und weggeräumt werden

türliche Weise gegen Sturmfluten geschützt wird – durch seewärts vorgelagerte Sände und den Kniepsand, die nicht nur die Brandungsgewalt gegen die Inselküste wesentlich reduzieren, sondern auch für ständige Sandzufuhr nach Sandverlusten an der Westküste sorgen. Doch die Sturmflut vom Februar 1962 riß an der exponierten Nordspitze bis zu 12 m hohe und 50 m breite Sanddünen in wenigen Stunden weg und brach hinein in das »Haustal«, überschwemmte das Vogelwarthaus und strömte am Wattufer wieder hinaus, die Nordspitze vorübergehend von der übrigen Insel abtrennend.

Die größten Zerstörungen entstanden jedoch an der leeseitigen Ostküste. Gegen 23 Uhr brach bei Norddorf der Wattendeich, wobei sich den Betrachtern vom Dorfrande trotz der sich anbahnenden Gefahr ein großartiges Naturschauspiel bot. Das Wasser war so hoch gestiegen wie die Krone des Deiches und Welle um Welle flutete weißschäumend darüber hin. Die Gewalt des überschlagenden Wassers brachte schließlich den Deich an der Innenböschung zum Einsturz, und nun schoß eine Flutmasse hindurch, die in kurzer Zeit den Deich auf einer Länge von etwa 300 Metern völlig wegsprengte. Es donnerte und rauschte, in knapp zehn Minuten war der Marschenkoog völlig überflutet und das Wasser drang in einige der am Marschenrande liegende Häuser ein. Auch mehrere tiefer liegende Häuser des Dorfes Nebel wurden von den ungeschützten Wattwiesen her überschwemmt. Das Kliff zwischen Nebel und Steenodde brach um etwa 5 m ab und vom Seezeichenhafen trieben fast alle Bojen und Tonnen von ihren Stellagen. Fast gleichzeitig mit dem Norddorfer Wattendeich brach auch der Deich zwischen Steenodde und Wittdün und die Flut setzte die Marsch bis zum Rande der genannten Orte und der Hauptstraße hin unter Wasser. Einige Schiffe rissen sich von ihrer Verankerung aus dem Seezeichenhafen los und trieben hinauf auf den Wittdüner Nordstrand. Das Balkenwerk der Wittdüner Brücke war zur Hälfte regelrecht zerfetzt, zur anderen Hälfte fast zwei Meter hoch aus dem Boden herausgehoben – ein fast überwältigendes Beispiel der entfesselten Brandungsgewalt! Noch eindrucksvoller aber war das Toben der Elemente an der Wittdüner Strandpromenade, wo haushohe Wasserwände aufstiegen, wenn eine heranstürmende Welle gegen die Steilwand der Strandmauer prallte. Je Kubikmeter Salzwasser schwingt ein Gewicht von mehr als 20 Zentnern mit! Dieser Gewalt war die starke Strandmauer nicht mehr gewachsen – unter dem Hotel »Vierjahreszeiten« brach ein Teilstück zusammen.

Bei Norddorf und Steenodde brachen in der Orkanflut 1962 die Deiche

Völlig zerstört wurde die Wittdüner Brücke

Die Strandmauer von Wittdün brach im gewaltigen Ansturm der Brandung auf einer Länge von 50 Metern ein!

Frachtschiffe, Jollen, Bojen und Tonnen wurden aus dem Amrumer Seezeichenhafen losgerissen und strandeten am Nordufer bei Wittdün

Pellworm meldete eine Fluthöhe von 3,27 m über MThw und schwere Schäden an den Deichen, insbesondere am Kleinen Norderkoog. Der Gesamtschaden betrug rund 600000 DM. Das Hafengebiet wurde hoch überflutet und Krabbenkutter aus dem Hafen heraus auf die Kaianlagen gesetzt.

Auf Nordstrand riß die Brandung bei Oben auf einer Länge von etwa 100 Metern bis zu 4 m tiefe Löcher in den Deich und am Deich der Trendermarsch beschädigte überstürzendes Wasser die Innenböschung derart, daß nur durch glückliche Umstände – das Nordwärtsdrehen des Windes und die nicht höher steigende Flut – ein Deichbruch ausblieb. Deichsackungen gab es auch am Neukoog, der wegen der drohenden Gefahr eines Deichbruches geräumt werden mußte. In den Nordstrander Damm schlug die Brandung Loch an Loch!

An der nordfriesischen Festlandsküste waren besonders die Deiche und Köge in der Husumer Bucht gefährdet. 3,77 m über Normal zeigte hier der Pegel gegen 23 Uhr – und noch mehr als eine Stunde bis zum Hochwasser! Die an der Spitze des Dockkooges liegende Gaststätte »Zur Erholung« war schon fast völlig in der Gischt der am Deich hochlaufenden Brandung verschwunden, aber noch leuchteten aus den Fenstern die Lichter durch die Nacht. An der Husumer Schleuse stand eine Wagenkolonne der Bundeswehr einsatzbereit. Dann überströmte die Flut den Dockkoog-Deich nahe der Schleuse und leitete den Bruch des Deiches auf einer Länge von etwa 50 Metern ein. Auch im Norden, am Badestrand, gab es Deichbrüche, so daß der unbesiedelte Koog völlig überflutet wurde, wobei ein Stall mit Schafen in den Wellen versank. In der »Erholung« erlebte die Familie Matzen angstvolle Stunden.

An der Eiderstedter Küste lagen die Gefahren zunächst vor allem an der Südwestküste, wo die Deiche des Ehstenkooges, Grothusenkooges und Wilhelminenkooges beschädigt und teilweise überspült wurden. Die Brandung riß einen erheblichen Teil der Badebrücke von St. Peter-Ording weg, zerstörte den schützenden Dünenwall und brach in das Kurzentrum von St. Peter-Ording ein, wo mehrere Häuser meterhoch im Wasser standen. Sieben Fischkutter des Ortes wurden auf den Deich des Tümlauer Kooges geworfen und bohrten tiefe Löcher in die Böschung. Sie mußten später gesprengt werden.

Mit dem nordwärts drehenden Wind verlagerte sich die Gefahr dann gegen den Tümlauer Koog, und auf dem Höhepunkt der Flut, gegen die Nordküste von Eiderstedt. Wegen drohender Deichbrüche mußten die Bewohner des Tümlauer Kooges, des Norderheverkooges, des Simonsberger Kooges, des Finckhaushallig-Kooges und des Ülvesbüller Kooges evakuiert werden. Der Ülvesbüller Deich hielt dem Angriff des Meeres schließlich nicht mehr stand. Er brach, und die Wassermassen stürzten hinein in den Koog. In letzter Minute waren die Bewohner aus ihren Höfen geflüchtet, unter Zurücklassung aller Habseligkeiten und des Viehs. Einem Ehepaar war die Flucht nicht mehr gelungen – es wurde durch ein Sturmboot der Bundeswehr in einem lebensgefährlichen Einsatz in Sicherheit gebracht. Aber rund 300 Stück Vieh ertranken im Ülvesbüller Koog. Auch der Deich des sich anschließenden Sommerkooges war gebrochen.

Wie überall, so bot sich an den Deichen von Eiderstedt am Morgen des nächsten Tages ein Bild unübersehbarer Verwüstung. Mehr als 40 km Deich waren schwer beschädigt, die Deiche übersät mit Hausrat und ertrunkenem Vieh, größtenteils von den Halligen stammend. Von Hamburg kam dann die Nachricht, daß dort 315 Menschen ertrunken waren. Doch die schlimmsten Befürchtungen, vor allem für die Halligen, bestätigten sich aber nicht. In Nordfriesland war durch die Orkanflut 1962 kein Mensch ertrunken!

Der Staat auf dem Deich!

Bemerkenswert war aber auch noch ein anderes Ereignis in Zusammenhang mit dieser Flut: Während Küstenbewohner und Insulaner bei früheren Sturmfluten fast auf sich selbst angewiesen waren, wenn es um die unmittelbare Abwehr der Gefahr und dann um die Behebung der oft unermeßlichen Schäden ging, stand den Menschen am Meer dieses Mal der Staat zur Seite. Feuerwehren und freiwillige Helfer erhielten durch das Technische Hilfswerk, durch die Bereitschaftspolizei, durch den Grenzschutz und vor allem durch Einheiten der Bundeswehr in der Sturmflutnacht in allen Bereichen eine umfangreiche Hilfe, wie auch später bei der Reparatur der zerstörten Deiche und anderer Küstenschutzwerke.

Eine der ersten tatkräftigen Maßnahmen nach der Sturmflut war die Wasserversorgung der Halligen, organisiert vom Marschenbauamt (Amt für Land- und Wasserwirtschaft) und dem Einsatz vieler freiwilliger Helfer, darunter der Besatzung des Linienschiffes »Amrum«.

Überschäumende Sturmbrandung am Dockkoog vor Husum

Nach dem Deichbruch wurde der Ülvesbüller Koog mit seinen Bauernhöfen hoch überflutet. In letzter Sekunde konnten die Bewohner in Sicherheit gebracht werden

Eine Welle der Hilfsbereitschaft lief durch das Land. Kreisverwaltung, Landes- und Bundesregierung stellten umfangreiche Finanzmittel zur Verfügung und deckten in großzügiger Weise die materiellen Schäden der Betroffenen ab. Unter Einsatz von mehr als 1,5 Milliarden DM wurde an der schleswig-holsteinischen Nordseeküste unter dem Titel »Generalplan« ein umfangreiches Programm des Küstenschutzes in Angriff genommen. Zu den größtenteils schon verwirklichten Maßnahmen gehören vor allem Deicherhöhungen und Deichverkürzungen, der Bau von Deichverteidigungsstraßen, von Sperrwerken (z. B. Eidersperrwerk), der Schutz von sandigen Küsten durch Sandvorspülungen, die Erhöhung der Halligwarften und die Verstärkung von Uferschutzmauern. In Zusammenhang mit der Halligsanierung erhielten die neuen Häuser ein sturmflutsicheres, auf Betonpfeilern ruhendes Dachteil nach dem Prinzip der alten Ständerkonstruktion.

Zwei hohe Fluten im Januar 1976

Ein geschichtlicher Rückblick über die sehr hohen Fluten zeigt, daß nur etwa alle 30–50 Jahre Stürme und Flutverhältnisse so ungünstig zusammentreffen, daß es einen übermäßig hohen Wasserstand und eine Katastrophenflut gibt. Noch seltener kommt es vor, daß im Laufe nur weniger Wochen gleich zwei Sturmfluten mit extrem hohen Wasserständen auftreten, wie es im Januar 1976 der Fall war.

Die Sturmflut vom 3. Januar stieg zwischen Pellworm, Nordstrand und Husum sowie an den Küsten von Eiderstedt bis zu 45 cm höher als die Sturmflut von 1962. An den Pegeln von Wyk-Föhr, Wittdün-Amrum und Hörnum-Sylt wurden Werte gemessen, die in etwa der Fluthöhe von 1962 entsprachen. List-Sylt verzeichnete hingegen einen Wasserstand, der noch um 3[illegible] cm über dem Stand von 1962 lag. Auch an den Pegeln längs der Elbe und im Hamburger Hafen wurden Werte gemessen, die bis zu 75 cm über der Fluthöhe von 1962 lagen! Und wieder einmal mußten die Berechnungen über mögliche Fluthöhen unter ungünstigsten Umständen korrigiert werden, denn am 3. Januar 1976 traten diese Umstände noch keineswegs ein! Zwei Stunden vor Hochwasser nämlich schwächte sich die Windstärke erheblich ab, so daß die Flut nicht so hoch stieg, wie es bei anhaltendem Sturm möglich und wahrscheinlich gewesen wäre.

Die Sturmfluten vom Januar 1976 brachen die Dünen des Wittdüner Südstrandes bis nahe an die erste Häuserreihe ab

Orkanflut. Die Fähranleger von Dagebüll, Wyk und Wittdün sind hoch überflutet

Die Sturmflut vom 3. Januar 1976 war in mehrfacher Hinsicht bemerkenswert: Es war eine Sturmflut, die mit einer Springflut zusammentraf – eine der Ursachen des hohen Wasserstandes. Und es war eine der wenigen hohen Fluten, die sich am Tage ereigneten, womit diesem Ereignis einiges an Gefahr genommen wurde, weil die Gefahren sichtbar waren. Eigenartig war aber auch die Tatsache, daß sich der Sturm aus einem fast windstillen Vortag entwickelte. Erst in den Nachtstunden des beginnenden 3. Januars steigerte sich der aufgekommene Wind rasch zum Sturm und erreichte dann um die Mittagszeit Geschwindigkeiten von 115 km/h im Mittel, in Böen bis 150 km/h, dabei von Südwest bis Nord drehend. Doch gegen 13 Uhr, zwei Stunden vor Hochwasser im nordfriesischen Wattenmeer, ließ der Wind erheblich nach.

Aber schon in den Morgenstunden des 21. Januars 1976 lief eine neue Sturmflut gegen Inseln, Halligen und Festlandsdeiche auf. An den Küsten von Sylt, Amrum und Föhr erreichte die Fluthöhe Werte, die nur wenig unter der Flut vom 3. Januar lagen. Dagegen blieb der Wasserstand an den Halligen Pellworm, Nordstrand und der Festlandsküste erheblich darunter. Auch im Falle dieser Sturmflut war noch die Springtide wirksam, doch war es wiederum ein Glücksfall, daß der größte Windstau mit dem Niedrigwasser zusammentraf und sich nicht um die Zeit des Hochwassers gegen 4 Uhr morgens entfaltete.

Beide Sturmfluten richteten wieder erhebliche Schäden an. An der Sylter Westküste wurde ein Abbruch von 10–20 m Tiefe festgestellt und der Gesamtverlust an Dünensand und Kliffboden auf 700 000 Kubikmeter geschätzt. Die Strandhalle List ist nun schon bedenklich nahe an die Abbruchkante gerückt, aber auch für die Kersig-Siedlung auf Hörnum besteht trotz des vorgelagerten Tetrapodenschutzes höchste Gefahr. Der Hindenburgdamm war derart in Mitleidenschaft gezogen, daß der Eisenbahnverkehr unterbrochen werden mußte.

Auf Föhr schlug die See über die Mauer des Südstrandes hinein in Gärten und Parkanlagen, die Mauer wies zahlreiche Schäden auf. Das Goting-Kliff brach um etwa 8 m zurück, ebenso das Kliff vor Utersum. Der nach 1962 verstärkte Deich wurde vor Utersum und an der alten Oevenumer Vogelkoje aufgerissen. Die Strandpromenade von Wittdün auf Amrum erlitt eine umfangreiche Unterspülung am Fuß und bei der Sturmflut am 21. Januar einen rückseitigen Aufbruch. Die ungeschützte, sich westlich der Strandpromenade anschließende Dü-

Fieberhaft wird am Föhrer Deich gearbeitet, um mit Persenningplanen, Sandsäcken und Faschinen einen Deichbruch zu verhindern

Sturmsee an der Strandpromenate des Wyker Südstrandes

nenkante rückte bedrohlich nahe an die erste Häuserreihe auf der oberen Wandelbahn heran, so daß hier, nach dem Beispiel von Sylt und Föhr eine umfangreiche Sandvorspülung notwendig wurde. Meterhoch stieg die Flut, sowohl am 3. als auch am 21. Januar, in mehrere, an den Wattwiesen liegende Häuser von Nebel. Die Amrumer Nordspitze verzeichnete einen umfangreichen Dünenabbruch.

Auch die meisten Halligwarften wurden hoch überflutet und in den tiefer liegenden, älteren Häusern stand das Wasser bis zu 1,20 m hoch. Aber auch in den neueren, höheren Häusern, liefen die Keller voll. Groß war der Schaden an Mobilar und Elektrogeräten. Der Verlust an Vieh blieb jedoch in Grenzen, und die Halligbewohner gerieten dank der vorhandenen Schutzräume nicht ernsthaft in Lebensgefahr.

Die Deiche von Pellworm überstanden die Sturmfluten trotz überschlagender Wellen verhältnismäßig gut. Dagegen erlitt der Deich des Alten Kooges von Nordstrand erhebliche Schäden. An der Nordstrander Nordküste strömte die Flut weißschäumend über die Deiche des Elisabeth Sophien-Kooges, des Morsum- und Pohnshalligkooges, doch Deichbrüche und Schlimmeres traten nicht ein.

An der nordfriesischen Festlandsküste wiesen die Deiche nördlich des Hindenburgdammes und des Nordstrander Dammes Löcher und Rutschungen auf. Die schwersten Schäden entstanden am Deich vor Wobbenbüll, wo die Deichkrone auf etwa einen Kilometer Länge in der Mitte absackte. Längs der Eiderstedter Küste wurden die Deiche des Westerheverkooges und des Grothusenkooges sowie die Deichstrecke zwischen Süderhöft und Ehstenkoog an Außen- und Innenböschungen schwer gezeichnet.

So, wie die große Hollandflut im Jahre 1953 Veranlassung zu einer umfangreichen Deichverstärkung an der schleswig-holsteinischen Westküste war und dadurch im Februar 1962 eine größere Katastrophe verhindert wurde, so waren die nach 1962 durchgeführten Maßnahmen wiederum die Ursache dafür, daß bei den Fluten im Januar 1976 die Schäden in Grenzen blieben. Trotz der angerichteten Millionenschäden sind die Sturmfluten des 20. Jahrhunderts – verglichen mit den Sturmfluten früherer Jahrhunderte – infolge des ständig verbesserten Küstenschutzes glimpflich verlaufen. Daß die Sturmfluten vom Februar 1962 und vom Januar 1976 uns dennoch als überaus »gewaltig« und »verheerend« erscheinen, liegt vorwiegend daran, daß die Ereignisse und Folgen dieser Fluten durch Presse, Rundfunk und Fernsehen in alle Häuser des Landes verbreitet wurden.

Sturmflut an der Strandpromenade Westerland

Trümmer nach der Sturmflut (Hallig Hooge)

Küstenschutz und Landgewinnung

Deichbau seit 1000 Jahren

Die ständige Zerstörungsgewalt des Meeres und die mit großen Sturmfluten verbundene Lebensgefahr für Mensch und Vieh auf Inseln, Halligen und in den Marschenkögen der Festlandsküste, erfordern eine ständige Gegenwehr – den Küstenschutz.

Schon zu Beginn unserer Zeitrechnung mußten die Bewohner des Küstenraumes gegen das Ansteigen und Vordringen der Nordsee entsprechende Maßnahmen treffen. Dies geschah zunächst durch den Bau von Warften, die jedoch nur die Wohnsiedlungen, nicht aber das umliegende, als Weide genutzte Marschenland schützten. Erst die im 9. Jahrhundert hier eingewanderten Friesen begannen mit dem Bau von Deichen, deren Vorhandensein dann eine erfolgreiche Kultivierung des Landes und den Ackerbau ermöglichten. Saxo Grammaticus schrieb um 1180: »Damit die Fluten nicht in das niedrige Land einbrechen, ist das ganze Ufer mit einem Wall umgeben . . .« Doch geht aus dem Bericht des Chronisten auch hervor, daß die Deiche oft überflutet und Felder und Dörfer verwüstet wurden.

Die ersten Deiche waren hinsichtlich ihrer Höhe, Breite und Konstruktion unzureichende Gebilde. Noch bis zum 16. Jahrhundert waren sie nur etwa 8–9 Fuß, also kaum 3 Meter hoch und wiesen am seeseitigen Ufer in der Regel eine Steilwand auf, die durch Balken und Bretter befestigt war. Diese »Stackdeiche« boten der Brandung einen unelastischen Widerstand und wurden infolgedessen oft zerstört. Die Reparatur des Stackwerkes war an den waldarmen Küsten mit erheblichen Kosten belastet, da man das Holz von weither heranschaffen mußte. Auf Alt-Nordstrand beispielsweise betrug die gesamte Deichlänge 19222 Ruten, rund 100 Kilometer. Und davon waren 5439 Ruten Stackdeich!

Erst der aus Holland stammende, als Mennonit in Eiderstedt lebende Johann Clausen Koth »Rollwagen«, der im Jahre 1608 vom Herzog zum Generaldeichgraf ernannt wurde, verbesserte die Konstruktion der Deiche. Die seeseitige Böschung erhielt ein flacheres Profil, das der Brandung geringere Angriffsflächen bot, und die Höhe des Stackwerkes wurde reduziert. Nach den Erfahrungen der Sturm-

flut 1825 kam das Stackwerk schließlich ganz in Fortfall. Die Außenböschung, aus Rasen bestehend, lief nun flach zum Ufer aus, und dort wo sie ohne Schutz von Vorland »schar«, unmittelbar am Meere lag, erfolgte durch die deichpflichtigen Koogbewohner eine regelmäßige Bestickung mit Stroh. Dieser Deichfußschutz war auch noch zu Anfang des 20. Jahrhunderts notwendig, bis dann seitens des Staates, der seit 1871 den Küstenschutz als Staatsaufgabe proklamierte, alle gefährdeten Deichstrecken am Fuße mit Rausteinen, Asphaltbermen oder Naturgestein befestigt wurden – eine bis in die Gegenwart hineinreichende Aufgabe. Den Wandel im Deichbau veranschaulicht die nachstehende Zeichnung. Während um Anno 1500 und noch um 1600 die Deiche nur 3 m hoch und etwa 15 m breit waren, erhielten sie im 18. Jahrhundert bei einer Höhe von 5 Metern und einer Breite von 35 Metern ein flach zur See hin auslaufendes Profil. Besonders vorbildlich waren die Deichkonstruktionen des Grafen Jean Henrie Desmercieres. Deiche, die gegenwärtig errichtet werden, sind etwa 80 m breit und über 7 m hoch!

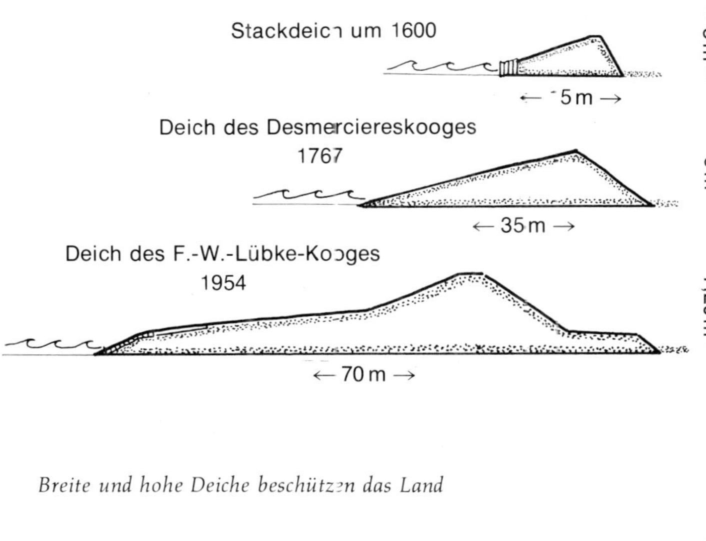

Breite und hohe Deiche beschützen das Land

Die Schubkarre, das wichtigste Hilfsmittel des Deichbaues

Die Deiche an der Nordseeküste gehören ohne Zweifel zu den gewaltigsten Werken der Menschheit. Mit primitivsten Hilfsmitteln mußten die Küstenbewohner nicht nur die umfangreichen Bodenmassen bewegen für den viele Kilometer langen Deich, sondern dann auch das vollendete Werk – oft vergeblich – gegen die Naturgewalten verteidigen. Schaufeln und Tragbahren waren die ersten Geräte der Deichbauer. Im Mittelalter kamen Störten, Karren mit drei Rädern, denen Pferde vorgespannt wurden, in Gebrauch. Sie setzten jedoch befahrbare Wege voraus. Eine wesentliche Erleichterung bedeutete deshalb die Erfindung der Schubkarre durch den erwähnten Deichgrafen Johann Clausen Koth, der dafür den Beinamen »Rollwagen« erhielt. Die Schubkarre ließ sich auf leicht verlegbaren Bohlen mühelos über den weichen Klei und Schlick der Marsch und des Watts befördern. Sie kam zum ersten Male im Jahre 1610 zum Einsatz und ist dann zusammen mit Störten und Pferdefuhrwerken jahrhundertelang das Hauptwerkzeug der Deichbauer geblieben. Erst lange nach 1900 ist die Schubkarre durch Feldbahnen und Loren ersetzt worden. Das Gewimmel von Arbeiterscharen an den Deichbaustellen früherer

Jahrhunderte ist heute dem Einsatz modernster Maschinen gewichen. Trockenbagger mit Schaufelrädern und Greifern arbeiten am Deich, und draußen im Watt liegen unförmige Spülbagger, die über lange Rohre ein Sand-Wassergemisch in das projektierte Deichbett hineinspülen. Bagger, Planierraupen und Walzen formen den sich anhäufenden Sand zum Deichprofil und Feldbahnen fahren Klei, Steine und anderes Material über unwegsames Gelände heran, zum Befestigen der Böschungen und des Deichfußes.

Wer nicht will deichen, muß weichen

Der Deichbau setzte für die Bewältigung der Deicharbeit und für die laufende Unterhaltung eine gewisse Bevölkerungsdichte, eine entsprechende Organisation und Gesetzgebung voraus. Die Bedeichung erfolgte bis in die 1920er Jahre hinein als Gemeinschaftsaufgabe der am Deichschutz oder an einem aus Anwachsland neugebildeten Koog interessierten Marschenbewohner eines mehr oder weniger großen Bezirks oder einer Gemeinde. Die Verteilung des Landes in einem neugewonnenen Koog richtete sich nach dem Arbeits- oder Geldaufwand der Beteiligten – die nachfolgende ständige Deichunterhaltung sowie die Reparatur nach Sturmfluten nach dem Anteil des Grundbesitzes in Demat, unabhängig von der Güte des Landes. Und zu dieser Leistung waren alle Deichinteressenten verpflichtet. Auch Kirche und Adel, letzterer in Nordfriesland kaum vorhanden, unterlagen diesem Gesetz, das praktisch alle Standesunterschiede aufhob.

Die ältesten Bestimmungen des Deichrechtes reichen zurück bis in das frühe Mittelalter, bestanden aber, von Einzelfassungen im Eiderstedter und Nordstrander Landrecht abgesehen, zumeist nur in mündlicher Überlieferung. Anno 1557 aber wurden die Grundsätze des Deichrechtes unter Mitwirkung der Landesherrschaft, des Nordstrander Stallers und 16 ehrbarer Männer, mit 20 Artikeln in das »Spadelandsrecht« schriftlich niedergelegt. Art. 1 bestimmte, daß alles in einem Koog gelegene Land nach Überschwemmungen bei großen Fluten bei der Wiederbedeichung und Deichunterhaltung dematgleich im Argen und Guten deichpflichtig ist. Die Art. 2 und 3 regelten die Behandlung des »Spätlandes«, des Spatenlandes, das zum Aushub des Bodenmaterials für den Deich diente. In Art. 4 wurden die benachbarten Köge nach Entscheidung der 16 Deichrichter und mit obrigkeitlicher Zustimmung zur Hilfeleistung für einen übermäßig belasteten Koog herangezogen, und Art. 7 bestimmte, daß nach dem Einbruch von Wehlen, also völligen Deichbrüchen, das ganze Land zur Hilfe verpflichtet ist. Dabei soll der betroffene Koog wohl das Material, nicht jedoch die Arbeitsleistung bezahlen.

Von besonderer Tragweite war der Artikel 8, auf den sich der spätere Ausspruch »De nich will dieken, mutt wieken« (Wer nicht will deichen, muß weichen) bezog. Wollte oder konnte eine Landbesitzer im Kooge das ihm zugeteilte Deichstück nicht mehr in ordnungsgemäßem Zustande bewahren, dann setzten die Deichrichter den Spaten auf den Deich des Betreffenden, womit ihm sein Land genommen war. Das Land mitsamt der daran haftenden Deichpflicht sollte dann zunächst den Freunden des Betroffenen, falls diese ablehnten, den Nachbarn zu beiden Seiten angeboten werden. Verweigerten auch diese die Übernahme des Landes und der Deichpflicht, erfolgte das Angebot an das zuständige Kirchspiel. Lehnte auch dieses ab, mußte der ganze Koog dafür einstehen.

Artikel 10 regelte die Neubedeichung, die mit Hilfe des ganzen Landes dematgleich durchgeführt werden sollte. Das gewonnene Koogland wurde den Beteiligten entsprechend ihrer Arbeitsleistung zugewiesen. Die weiteren Artikel bezogen sich auf die Preisgabe von Ländereien durch Ausdeichungen nach Sturmfluten, auf die Unterhaltungspflicht an neuen Deichen, auf den Bau von Sielen und Schleusen, auf Versäumnisse und deren Strafen sowie auf die Aufgaben der Deichrichter.

So, wie sich die Küstenbewohner ihr eigenes Deichrecht entworfen und geschrieben hatten, so errichteten sie auch zunächst in Eigeninitiative ihre Deiche. Seit dem 16. Jahrhundert aber griff die Landesherrschaft immer stärker in das Deichwesen ein und förderte die Bedeichung von Vorländern und Anwachs durch Steuererlasse, Octrois, durch die Lieferung von Baumaterial, vor allem Holz und Reisig aus den herzoglichen und königlichen Wäldern, und in einigen Fällen auch durch das Abkommandieren der spanndienstpflichtigen Bevölkerung zu Deichbaustellen. Allerdings stand hinter diesen Hilfen nicht die obrigkeitliche Güte, sondern eine nüchterne Kalkulation, mußte für eingedeichtes Koogland nach Ablauf der eingeräumten Freijahre doch ein wesentlich höheres »Dematgeld« an Steuern bezahlt werden, als für das Vorland, das seit dem 17. Jahrhundert ohnehin als landesherrliches Regal in Anspruch genommen wurde. Die Bedeichung neuer Köge erfolgte jedoch unverändert von Bauernschaften und finanzkräftigen Privatunternehmern und zwar noch bis nach 1900.

Die Gesetzgebung des Deichwesens ging im Laufe des 19. Jahrhunderts aber fast ganz an die Organe des Staates. Am 29. Januar 1800 erließ König Christian VII. ein »Patent, betreffs die einzuführende Aufsicht über die Deiche in den Herzogtümern Schleswig und Holstein«, dem Anno 1803 ein »Allgemeines Deichreglement« folgte. Es wurden »Deichbände« verordnet und Deichinspektoren eingesetzt, denen die strenge Aufsicht über den Zustand der Deiche und anderer Schutzwerke oblag. Eine weitere Einordnung der Gesetzgebung und Verwaltung erfolgte nach 1864 durch die neue, preußische Regierung. Aufsicht und Leitung von Baumaßnahmen an Deichen und Küstenschutzwerken wurden dem Baukreis Husum, seit 1881 der neueingerichteten Wasserbauinspektion übertragen. Nach mehrmaligem Wechsel der Sachbereiche Landgewinnung und Schiffahrt und ministerieller Zuständigkeiten, erhielt das 1936 konstituierte Marschenbauamt Husum das Deichwesen und die Landgewinnung, während Schiffahrt und Seezeichenwesen dem Wasserbauamt Tönning zugewiesen wurden. Das Marschenbauamt Husum bekam 1970 die neue Bezeichnung »Amt für Land- und Wasserwirtschaft« (ALW), womit eine weitere Zentralisierung des Küstenschutzes verbunden war.

Ungeachtet der staatlichen Aufsicht haben die örtlichen Deich- und Sielverbände hinsichtlich der Verwaltung in deich- und wasserrechtlichen Angelegenheiten unter Leitung der Deichgrafen und Deichhauptmänner lange Zeit ihre Selbständigkeit bewahrt und nehmen auch in der Gegenwart noch wichtige Aufgaben auf diesem Sektor wahr.

Die Bedeichung Nordfrieslands

Die Bedeichung Nordfrieslands ist eines der erregendsten Kapitel der Geschichte! Wie die Karte auf Seite 74 zeigt, besteht das Marschenland des Festlandes und der Inseln aus fast 100 Kögen, die etwa seit dem 15. Jahrhundert unter unerhörten Mühen und Opfern dem Einfluß des Meeres entzogen wurden.

Nachdem das steigende Weltmeer, verbunden mit Sturmfluten, im Mittelalter den größten Teil der Uthlandemarschen zerstörte, Eiderstedt und Nordstrand vom Festlande trennte und sich zeitweise bis an den Rand der Festlandsgeest ausdehnte, gelang es, im Zusammenhang

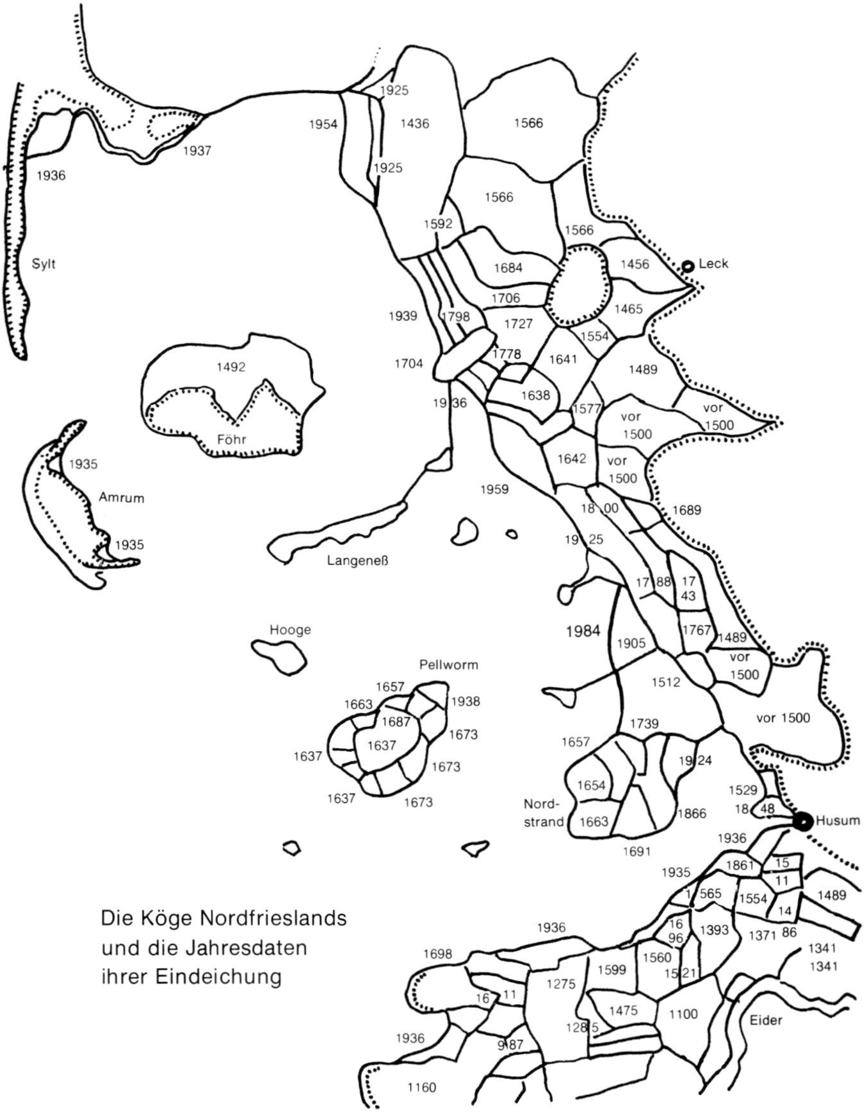

Die Köge Nordfrieslands
und die Jahresdaten
ihrer Eindeichung

mit Anwachs und Verlandung, Koog um Koog zurückzugewinnen, wobei es aber immer wieder nachhaltige Rückschläge gab. Eine der ersten großen Taten war die Durchdämmung der Norder-Eider, die bei der Sturmflut von 1362 zur Hever durchbrach. Abdämmung und damit die erneute Landfestmachung von Eiderstedt erfolgten im Jahre 1489. Im Anschluß daran wurde eine Reihe von Kögen gewonnen. Anno 1570 gelang auch die Abdämmung und Umleitung der Treene, wozu mehrere tausend Arbeiter und 400 Störten aufgeboten waren. Hingegen konnte aber nicht die an der Husumer Bucht liegende Lundenbergharde bewahrt werden, nachdem sie durch die Sturmflut des Jahres 1634 schwere Schäden erlitten hatte. Die anliegenden Kirchspiele Witzwort, Koldenbüttel und Ülvesbüll sowie die Südermarsch wandten bis 1640 über 200000 Reichstaler auf, und doch mußten die finanziell ruinierten Bewohner erleben, daß nachfolgende Sturmfluten alle Anstrengungen zunichte machte.

Im Jahre 1610 unternahm der König Christian IV. von Dänemark höchstselbst den gewaltigen Versuch, das Vorland zwischen dem schon vor 1500 bedeichten Hattstedter Koog und der Hallig Ockholm einzudeichen. Doch das Werk wollte nicht gelingen Fünfzehn Jahre arbeitete man unter Opfern und Geldaufwendungen, mußte mit Soldaten einen Streik und Aufstand der Koyer (der Karrenarbeiter) unterdrücken und dennoch die Bedeichung im Jahre 1625 aufgeben. Anno 1685 und 1716 erfolgten neue Versuche – ohne Erfolg. Erst die schrittweise Eindeichung seit Mitte des 18. Jahrhunderts führte zum Gewinn der Köge vor Bredstedt. Zuletzt konnte hier im Jahre 1927 der Sönke-Nissen-Koog eingedeicht werden.

Im nördlichen Teil der nordfriesischen Festlandsmarsch ist vor allem die Bedeichung der Dagebüller Bucht interessant. Um 1500 lag seewärts der Geestinsel Risum-Moor (heute Kornkoog mit Niebüll, Deezbüll, Risum-Lindholm) eine umfangreiche Wattenbucht mit einer Vielzahl von kleinen und großen Halligen, darunter Ockholm, Waygaard, Fahretoft, Dagebüll, Galmsbüll und Nordtoft. Aufschlikkung und Anwachs im Lee dieser Halligen weckten nicht nur Eindeichungspläne, sondern auch Pläne von Dammverbindungen zwischen den Halligen und dem Festlande zwecks Förderung der Anlandung. Anno 1570 unternahm Herzog Johann d. Ä. einen ersten vergeblichen Versuch, die ganze Bucht durch einen, über die genannten Halligen verlaufenden Damm abzuriegeln. 1631 erhielten 23 vorwiegend holländische Partizipanten für eine Zahlung von 15 000 Rthlr. ein Octroi

Arbeiter des Amtes für Land- und Wasserwirtschaft beim Bau einer Buschlahnung

Neues Land wächst aus dem Wattenmeer – Grüppelbagger im Lahnungsfeld

für die Gewinnung der etwa 7500 ha großen Fläche. Am 9. April 1632 begann, angeführt von dem bedeutenden Deichkonstrukteur Christian Becker, der sich schon 1624 bei Landgewinnungen in der Sorge-Niederung einen guten Ruf erworben hatte, das beispiellose Werk. Über 5500 Mann waren im ersten Jahr beschäftigt. Glücklich gelang die Durchdämmung des Bottschlotter Tiefs mit Hilfe versenkter Schiffe. 1634 wurde die Durchdämmung des Kleiseer Tiefs in Angriff genommen, doch die große Sturmflut vom Oktober 1634 machte allen Hoffnungen auf das Gelingen ein Ende. Die Niederländer, die schon rund 500000 Reichstaler aufgewendet hatten, mußten 1635 ihr Vorhaben aufgeben und arm in ihre Heimat zurückkehren. Wie vor Bredstedt, so gelang dann auch die Bedeichung der Dagebüller Bucht erst durch die schrittweise Gewinnung von Kögen, bis hin zum Jahre 1798.

Ein Kapitel von eigenartiger Dramatik ist die Wiederbedeichung der Inselreste von Alt-Nordstrand nach den verheerenden Zerstörungen und Menschenverlusten im Jahre 1634. Für die Harde Pellworm gelang dies mit Hilfe eines reichen Holländers namens Cornelius Jansen Allers in der Zeit von 1637 bis 1687. Doch auf dem heutigen Nordstrand mußten finanzkräftige niederländische Partizipanten die Neubedeichung übernehmen – zum Nachteil der seinerzeitigen Einwohner, die nach den Bestimmungen des Spadelandrechtes Art. 8 ihr Land, das sie nicht durch Deiche zu schützen vermochten, abzutreten hatten. Die Niederländer deichten, mit herzoglichen Octrois wohl versehen, von 1654 bis 1691 vier Köge ein, erlitten dann jedoch bei dem vergeblichen Versuch, einen fünften Koog zu gewinnen, einen derartigen finanziellen Rückschlag, daß sie größtenteils ihr Werk auf Nordstrand aufgaben und nun wieder den Einheimischen überlassen mußten. Graf Desmercieres, der schon mit seinen Kögen vor Bredstedt ein vorbildliches Beispiel von Deichbauten gegeben hatte, ließ 1739 auf Nordstrand den Elisabeth-Sophien-Koog eindeichen und mustergültig besiedeln. Mit dem Morsum-Koog im Jahre 1867 und dem Pohnshallig-Koog im Jahre 1924 rundete sich das vorläufige Bild der Insel Nordstrand ab.

Wie schon erwähnt, erfolgte die Eindeichung durch Bauernschaften, Kirchspiele oder finanzkräftige und wagemutige Unternehmer, wie den niederländischen Partizipanten oder dem Grafen Desmercieres. Der letzte Koog, der von einer privaten Genossenschaft bedeicht wurde, war der Sönke-Nissen-Koog, genannt nach seinem tatkräftigen Geldgeber und Förderer, der allerdings die erfolgreiche Beendi-

Weithin dehnt sich das über Jahrzehnte herangewachsene Neuland und wartet auf die Bedeichung

Spülbagger spülen von See her oder aus Prielen ein Sand-Wasser-Gemisch hinein in das projektierte Deichbett

gung des Unternehmens nicht mehr erlebte. Auf Grund einer Fehlkalkulation des Bauunternehmers geriet die aus Bauern bestehende Genossenschaft jedoch in finanzielle Schwierigkeiten, so daß auch hier letzten Endes der Staat helfen mußte.

Analog dem Anspruch des Staates auf Anwachs bzw. auf die Neulandgewinnung, fiel diesem in jüngster Zeit die Eindeichung von Kögen zu. Der erste »Staatskoog« war der Cecilienkoog, im Jahre 1905 vor Bredstedt bedeicht. Weitere Köge folgten in den Jahren zwischen beiden Weltkriegen, besonders in der nationalsozialistischen Zeit bis zum Anbruch des 2. Weltkrieges. Dazu gehören die Eindeichungsmaßnahmen der Marschen von Sylt und Amrum, der Bupheverkoog auf Pellworm und eine Reihe von Kögen an der nordfriesischen Festlandsküste, die zusehends zu einer Begradigung des Küstenverlaufes führten.

Das erste große Eindeichungswerk nach dem Kriege war die Gewinnung des Friedrich-Wilhelm-Lübke-Kooges. Nachdem vor dem Wiedingharder Deich aus Mangel an natürlichem Anwachs fast 500 Jahre keine Bedeichung erfolgen konnte, fand nach dem Bau des Hindenburg-Dammes (1923–27) infolge des Flutstaus eine rasche Absetzung von Schlickmassen statt, in günstigen Jahren bis zu einer Höhe von 10 cm! Schon 1925 konnten an den Dammseiten der Dreieckskoog und der Neue Wiedingharder Koog bedeicht werden. Im Rahmen des »Programm Nord« wurde dann im Jahre 1954 vom Hindenburg-Damm bis Horsbüll ein 8,7 Kilometer langer Deich gebaut, womit 1300 ha Koogland für eine Ansiedlung von 40 Bauernhöfen entstanden.

Fünf Jahre später erfolgte die Eindeichung eines weiteren Kooges, des Hauke-Haien-Kooges vor dem Hallighafen Bongsiel. Hier konnten 500 ha Nutzland gewonnen und ein 700 ha großes Speicherbecken zur besseren Entwässerung der landeinwärts gelegenen Marschen geschaffen werden. 21 Bauern fanden im Koog eine neue Heimat. Die Bedeichungskosten betrugen 36 Millionen DM.

Ein noch aufwendigeres Werk des Küstenschutzes ist der nach siebenjähriger Bauzeit 1973 vollendete Eiderdamm mit einem Sperrwerk, das in fünf Kammern Siele und eine Schiffsschleuse enthält. Mehr als 170 Millionen DM kostete dieser etwa 5 km lange Damm in der Eidermündung, der die Küsten von Eiderstedt und Dithmarschen miteinander verbindet und etwa 60 km hinterwärts liegende Deiche in seinen Schutz miteinbezogen hat. Und mit der 1983 begonnenen Eindeichung der »Nordstrander Bucht« ist ein weiteres, umfangreiches Werk des Küstenschutzes vollendet.

Küstenschutz präsentiert sich aber nicht immer und überall mit Deichen und Dämmen, sondern beispielsweise auch mit Strandpromenaden vor Westerland, Wittdün oder Wyk, die stets in erster Linie Uferschutzmauern sind. Seit einigen Jahren wird, besonders vor abbruchgefährdeten sandigen Küsten und Kliffs, so vor Westerland, an der Föhrer Südküste und vor Wittdün, mit Erfolg eine Vorspülung mit Sandmassen durchgeführt. Aber auch das Setzen von Sandfängern und das Pflanzen von Strandhafer zwecks Befestigung oder Bildung von Dünenwällen an den Dünenküsten von Amrum, Sylt und St. Peter-Ording sind Maßnahmen des Küstenschutzes. Das eindrucksvollste Beispiel des Küstenschutzes ist jedoch die großflächig betriebene Neulandgewinnung längs der nordfriesischen Festlandsküste und am Nordstrander Damm!

Neues Land wächst aus dem Meer

Wenn man von der Höhe einer Deichkrone über das Watt vor den Deichen des Festlandes blickt, fällt – soweit das Auge nach Norden und Süden längs der Küste reicht, und bis zu einem halben Kilometer hinaus zur See – das gleichmäßige System der Buhnen für die Neulandgewinnung auf. Jede auflaufende Flut trägt eine Menge von leichten Sinkstoffen heran, die innerhalb dieser Lahnungsfelder abgesetzt werden, teils in der kurzen Ruhezeit bei Hochwasser, teils bewirkt durch die Wasserberuhigung des Buhnensystems. Im Laufe der Jahre und Jahrzehnte erhöht sich das Watt. Spaten und neuerdings Grüppelmaschinen werfen Gräben aus, in denen sich die Auflandung beschleunigt. Ist das Watt bis nahe unter die Hochwasserlinie aufgewachsen, siedeln sich die Pionierpflanzen der Neulandgewinnung, Queller und Englisches Schlickgras, an. Schließlich wächst das Watt als Neuland über das mittlere Hochwasser hinaus, begrünt sich mit Andelrasen und andern salzvertragenden Pflanzen und läßt sich nun schon als Schafweide benutzen. Aber noch immer setzen Sturmfluten weitere Schlickschichten ab und erhöhen das Neuland – bis es schließlich eingedeicht und in einen Koog verwandelt wird, dessen Deichschutz nun eine Besiedlung mit Bauernhöfen und neben der Weidewirtschaft auch den Ackerbau auf fruchtbarem Boden ermöglicht.

Technik bestimmt den Deichbau der Gegenwart

Der Deich ist vollendet, ein neuer Koog gewonnen, der sich nun besiedeln und im Deichschutz bewirtschaften läßt

Schiff auf Strand!

Das Strandrecht in alter Zeit

Der Strand mit seinen Strandungsfällen, Strandvögten und Strandgängern spielt in der Geschichte der nordfriesischen Inseln, namentlich von Sylt und Amrum, leider eine wichtige Rolle, schrieb der Sylter Chronist C. P. Hansen. Und ein anderer Chronist fragte in Zusammenhang mit Strandungsfällen: »Wie viele Todesschreie hat der Sturm verweht, wieviel wertvolles Gut ist in die Tiefe gesunken?«

Stürme, die Inseln, Halligen und Festlandsdeiche gefährdeten, waren auch stets die Ursache von Schiffsunfällen. Bis zur Jahrhundertwende, bevor Dampfschiffe die Segler von den Weltmeeren verdrängten, gab es kaum einen Sturm ohne Standungsfall. Wichtige Schiffswege, von den Hansestädten der Nordsee zu den Hansestädten der Ostsee und nach Skandinavien, führten an den Inseln Sylt und Amrum und an den vorgelagerten Seesänden vorbei, ebenso die Schiffswege vom Ärmelkanal nach Nord- und Osteuropa. Segelschiffe, die in einen Sturm gerieten, fanden hier nicht selten ihr Ende. Aber auch Schiffe, die von Holland und England kommend nach Bremen und Hamburg bestimmt waren, wurden durch heftige Westwinde quer über die Nordsee in die Brandung der nordfriesischen Inseln gejagt.

Strandungsfälle gehörten in früheren Jahrhunderten zu den aufregendsten Ereignissen im Inselleben. Sie lieferten mit ihren oft dramatischen und tragischen Begleitumständen Gesprächsstoff und bedeuteten für die Insulaner Gewinn bei der Bergung von Schiff und Ladung in Form beachtlich hoher Bergungsprämien. Aber in ärmlichen Zeiten stand auch die »Strandräuberei«, das Bergen und Unterschlagen von angetriebenen Schiffsgütern, auf den Inseln in Blüte.

Weil große Werte auf dem Spiele standen und Rechts- und Eigentumsverhältnisse zu ordnen waren, wurde die Behandlung von Strandungsfällen bereits im »Jydske Lov«, dem Jütischen Gesetz von Anno 1241, durch König Waldemar II. geregelt. Artikel 61 bestimmte, daß alle Ufer dem König gehören und Strandgut, das niemand zugehöret oder dem niemand nachkommt (dessen Eigentümer sich also nicht meldet), dem König gehört. Artikel 63 hingegen gestand den Schiffbrüchigen und Schiffsleuten, die lebend an Land kommen, das volle Recht auf Schiff und Ladung zu. Niemand, auch des Königs Vogt

Heute werden gestrandete Schiffe – hier der Küstenfrachter »Dina«, gestrandet am 18. Oktober 1991 vor Rantum, Sylt – in der Regel wieder flottgemacht.

nicht, durfte sich deren Gütern nähern, solange die Eigentümer diese selbst retten konnten. Auch war den Schiffbrüchigen erlaubt, nach eigenem Gutdünken Hilfskräfte für die Bergung von Schiff und Ladung anzuheuern. Verletzungen des Eigentumes der Schiffbrüchigen, ob vom Vogt oder anderen Leuten begangen, wurden mit Strafen bedroht.

Dieses humane Strandrecht, das die bisherige Willkür und den Strandraub unter Kontrolle bringen sollte, galt jedoch nur an den Küsten Dänemarks und der in Nordfriesland gelegenen reichsdänischen Enklaven List, Amrum und Westerlandföhr. An den übrigen Küsten von Schleswig und Holstein setzte sich dieses Gesetz nicht durch. Hier, so auch längs des Sylter Strandes von Hörnum bis zum Listland, an den Ufern der Halligen und der Marscheninseln Pellworm, Nordstrand, von Osterlandföhr und Eiderstedt, wurde das Strandrecht seit Anno 1444 diktiert von der Habgier des Herzoghauses zu Schleswig. Von herrenlos angetriebenen Gütern beanspruchte der Herzog zwei Drittel des Wertes, während den Bergern ein Drittel zustand. Aber auch vom Wert gestrandeter Schiffe und Schiffsladungen, deren Eigentümer – Schiffer, Reeder und Kaufleute – feststanden, beanspruchte der Herzog ein Drittel. Ein weiteres Drittel erhielten die Berger für ihre Mühe, und ein letztes Drittel nur verblieb den rechtmäßigen Eigentümern.

Mit diesem rücksichtslosen Strandgesetz, das Profit aus dem Unglück von Seefahrern zog, traten die schleswigschen Herzöge jahrhundertelang als die größten Strandräuber auf. Schiffbrüchige waren fast rechtlos – kein Wunder, daß es auch von seiten der Insulaner, die doch selbst Seefahrer waren, in jener Zeit zu schweren Übergriffen gegen hilflose Schiffbrüchige kam, sei es durch falsche Feuersignale oder gar durch Totschlag von Gestrandeten. Um ihren Anteil am Strandgut zu sichern, setzte das Herzoghaus überall Strandvögte ein, »die sich der Schiffbrüchigen und Schiffsgüter, aber auch der Interessen des Landesherrn bei Strandungsfällen annehmen und Stranddiebe abwehren sollten . . . Doch in der Regel nahmen die Stranddiebe, was sie fanden, so daß die Strandvögte nicht selten um ihren Anteil vom Strandgut kämpfen mußten . . . Das alte Übel des Strandraubes wurde kaum vermindert durch das neue Gesetz und die Vögte. Die Regierung hatte durch ihre eigennützigen Maßregeln das Volk nur zum Widerstand gereizt . . .«, urteilte C. P. Hansen.

Das Strandgesetz des Jahres 1444 galt zunächst für Eiderstedt, später auch für Alt-Nordstrand, Osterlandföhr und Sylt. Die Grundsätze dieses Strandrechtes wurden in ihrer vollen Härte gegenüber dem Schiffbrüchigen auch in den nächsten Jahrhunderten bestätigt, so beispielsweise vom Herzog Christian Albrecht im Jahre 1667.

An königlichen Stränden aber blieben die milden Bestimmungen des dänischen Strandgesetzes weiterhin in Kraft, noch ergänzt um zusätzliche Verordnungen zum Schutze der Schiffbrüchigen. Anno 1705 erließ König Friederich IV. eine Neufassung, die bei Androhung der Todesstrafe verbot, in der Nacht Feuer anzuzünden oder falsche Merkzeichen am Strande aufzustellen, wodurch die Strandung von Schiffen verursacht werden könnte. Auf Körperverletzung oder Ermordung von Schiffbrüchigen stand die verschärfte Todesstrafe durch das Rad. Diebstahl von Werten über 50 Lot Silber wurden mit dem Galgen gesühnt. Weitere Verordnungen verpflichteten Strand- und sonstige Beamte des Königs sowie alle Küstenbewohner zu unbedingter Hilfeleistung gegen angemessene Bezahlung.

Wie schon erwähnt, galt dieses Gesetz aber nur für die Enklaven List, Amrum und Westerlandföhr. Für den herzoglichen Teil des Kü-

Die Strandvogteien von List (Sylt) und Nebel (Amrum) sind seit Generationen vom Vater auf den Sohn vererbt

stengebietes in Nordfriesland blieb die bisherige Regelung, die einer weitgehenden Entrechtung und Enteignung der Schiffbrüchigen gleichkam, im Prinzip auch bei der Neufassung der »Hochfürstlich Schleswig-Holsteinischen Strandordnung« vom 15. August 1712 bestehen. So hieß es weiterhin, daß bei Teilung der geborgenen Güter nach dem Befehl der Rentekammer 1/3 den Bergern, 1/3 dem Herzog und 1/3 den etwa überlebenden Eigentümern zugewiesen werden soll. Den Schiffbrüchigen wurde nun aber doch zugestanden, das Auflaufen ihres Schiffes nicht als Strandungsfall zu beurteilen, wenn sie aus eigener Kraft binnen drei Flutzeiten, also innerhalb von 36 Stunden, wieder flott zu werden vermochten. Im Strandungsfalle erhielten sie die Erlaubnis, Masten, Segeltuch, Takelage, persönliches Inventar und nautische Instrumente zu bergen. Auch die Anweisungen zur Rettung der Schiffbrüchigen wurden verschärft.

Ungeachtet der Angliederung des Herzogtumes Schleswig an das Königreich Dänemark im Jahre 1721, behielt das Schleswig-Holsteinische Strandgesetz seine Gültigkeit, ja galt gegen Ende des 18. Jahrhunderts sogar für einige Zeit in den Enklaven. Jedenfalls sind Strandungsfälle in den 1790er Jahren auf Amrum nach diesem Recht beurteilt (siehe S. 113). Eine weitere Milderung erfolgte jedoch insofern, daß die Kgl. Rentekammer auf ihr Drittel verzichtete, wenn Schiff und Ladung nicht versichert waren.

Die Strandordnung von Anno 1803

Am 31. Dezember des Jahres 1803 erließ König Christian VII. eine neue Strandordnung, die sowohl in den Herzogtümern Schleswig und Holstein als auch in den Enklaven galt. Sie entsprach in ihren Grundzügen dem bisherigen humanen dänischen Strandrecht und stellte in der Einleitung voran, daß »Wir, Christian der Siebente, von Gottes Gnaden, König zu Dänemark, Norwegen, der Wenden und Gothen, Herzog zu Schleswig, Holstein, Stormarn, Dithmarschen, wie auch zu Oldenburg etc. . . . die zur Rettung und Bergung der Schiffbrüchigen und Güter erforderlichen Anstalten die wohltätigste Richtung geben wollen. Wir wollen daher zuvörderst den bisher in Unsere Kasse geflossenen Antheil gänzlich nachlassen, so weit nicht gestrandetes Gut als vollkommen herrenlos anzusehen ist . . .«

In der 44 Paragraphen umfassenden Verordnung wird zunächst der

Begriff »Strandgut« definiert, sodann die Bergung und Sicherstellung der Güter ausschließlich zum Vorteil des Eigentümers festgelegt. Unter §6 werden sämtliche am Strande wohnenden Untertanen bei Vermeidung von Geld- und Gefängnisstrafen verpflichtet, die sich in Seenot befindlichen Schiffe oder angetriebene Güter sofort dem Strandvogt zu melden. »Die Strandvögte müssen bei schweren Stürmen, bei Nebel und dunklem Wetter den ihnen zuständigen Strandbezirk besuchen und Vorkehrungen zu schleunigster Hilfe mit Leuten, Booten und Fuhrwerken bereithalten«, doch durften sie erst dann eingreifen, wenn dies vom Kapitän oder Steuermann ausdrücklich verlangt wurde. Weitere Paragraphen regelten die Sicherstellung, Aufbewahrung, Aufzeichnung und fernere Behandlung der geborgenen Güter sowie die Einschaltung der Behörden, die öffentliche Bekanntmachung zur Ermittlung der Eigentümer und die öffentliche Auktion, wenn sich nach Ablauf von 12 Monaten kein Eigentümer meldete.

Der vom Schiffer und Eigentümer zu zahlende Bergelohn (§ 37), richtete sich fortan nach der Gefahr und Mühe und wurde zwischen den Beteiligten ausgehandelt. Im Streitfalle entschied die Obrigkeit. Keinesfalls aber durfte der Bergelohn ein Drittel des Ladungswertes übersteigen. Und der Paragraph 41 setzte die Strafen für das unrechtmäßige Bergen, das Wegschaffen von Strandgütern, die Mißhandlung und Beraubung von Schiffbrüchigen, für die Verweigerung von Hilfe und falsche Signale fest. In ersterem Falle entsprach die Strafe der des einfachen Diebstahles. Auf Hilfsverweigerung konnte auf Zuchthaus bis zu 2 Jahren erkannt werden, und wer absichtlich Schiffe zur Strandung verleitete, mußte mit einer 5–10jährigen, in schwerwiegenden Fällen sogar mit lebenslanger Zuchthausstrafe rechnen.

Die Strandordnung von Anno 1803 erwies sich als gerecht und perfekt. Von zeitgemäßen Ergänzungen abgesehen, überdauerte sie auch den nationalstaatlichen Wechsel, die Einverleibung der Herzogtümer und Enklaven in Preußen nach dem Kriege gegen Dänemark im Jahre 1864. Erst die Reichsstrandordnung des Jahres 1874 löste die alte Strandordnung ab, deren Inhalt jedoch im wesentlichen übernommen wurde. Mit einigen Änderungen, vor allem im Verwaltungsbereich, im Handels- und Bergungsrecht, ist sie noch heute in Kraft.

Strandvögte und Strandräuber

Nach diesem kurzgefaßten Überblick über die Gesetzgebung in Zusammenhang mit Strandungs- und Bergungsfällen, soll nachfolgend ein besonderes Kapitel des Strandwesens aufgeschlagen werden: Die Auseinandersetzungen zwischen der Obrigkeit und ihren Strandvögten und den Strandgängern, den »Strandräubern« andererseits.

Wie schon erwähnt, wurden Strandvögte von König und Herzog eingesetzt, um an einem überschaubaren, abgegrenzten Strandbezirk (der in der Regel den Gemeindegrenzen entsprach) auf regelmäßigen Kontrollgängen die antreibenden Strandgüter zu bergen, in Strandungsfällen die Rettung der Schiffbrüchigen, der Ladung und wenn möglich des Schiffes zu leiten und Strandraub zu verhindern. Für diese Mühewaltung stand den Strandvögten das Bergedrittel zu, das sie jedoch meistens mit anderen Küsten- und Inselbewohnern teilen mußten, falls sie deren Hilfe und Fuhrwerke für Bergung und Transport der Schiffsgüter in Anspruch nahmen.

Strandvögte kamen stets aus den Reihen der Eingesessenen. Doch die nicht unbedeutenden Einkünfte dieses begehrten Amtes verhinderten durchweg, daß der Strandvogt mit seinen Dorfgenossen zum Nachteil der Obrigkeit selbständige »Geschäfte« machte. Eine zusätzliche Kontrolle bot die prozentuale Beteiligung der übergeordneten Beamten, vom Landvogt bis hinauf zum Amtmann, so daß einer dem anderen auf die Finger sah, wenn es um Verzeichnisse der geborgenen Güter oder um Auktionserlöse ging. Dennoch gab es manchen Streitfall und manche Übervorteilung. Im Jahre 1681 beispielsweise, strandeten auf Hörnum mehrere Schiffe, darunter zwei englische mit kostbarer Ladung. Da die herzogliche Kasse davon nicht ihren Drittel-Anteil erhielt, wurde den Strandvögten eingeschärft ». . . sich Tag und Nacht mit dem Bergen am Strande zu behalten und nicht davonzuziehen, bis das Schiff samt den Gütern und Volke geborgen und das Salvierte richtig verzeichnet ist.«

Diese Aufforderung scheint aber doch nicht den gewünschten Erfolg gehabt zu haben, jedenfalls so weit es die unübersichtlichen Verhältnisse des langen Hörnumer Strandes betraf, wo sich neben Sylter Strandgängern vor allem solche von Amrum, aber auch von Föhr herumtrieben. Die Landesherrschaft richtete deshalb mit dem Amt des Strandinspektors eine Oberaufsicht über die Sylter Strandvögte ein, und zum ersten Strandinspektor wurde der berühmte Grönlandcom-

Nach der Sturmflut – der Strandvogt ist unterwegs

Strandauktion! Holz und sonstiges Strandgut wird versteigert

mandeur Lorens Petersen de Hahn ernannt. Das soll im Jahre 1713 geschehen sein, nachdem eine furchtbare Untat am Sylter Strand bekannt geworden war. In der Weihnachtsnacht dieses Jahres 1713 strandete der Archsumer Schiffer Manne Tetten mit fünf anderen am Strande zwischen Rantum und Westerland. Ruchlose Strandräuber aber hatten ihre Ankunft bemerkt und erschlugen die Schiffbrüchigen, in der Hoffnung, Beute zu machen. Die Ermordeten wurden in Dikjendäl verscharrt, jedoch der rechte Arm des Schiffers reckte sich, gleichsam Gerechtigkeit fordernd, wieder aus dem Sande empor, so daß ihn wenig später eine Hirtin entdeckte. Die Kunde dieses Verbrechens eilte von Dorf zu Dorf, und bald darauf hieß es, daß es im Dikjendäl nicht mehr geheuer sei. Als »Dikjendäl-Mann« ging der Geist des Ermordeten mit erhobenem Arm um und drohte den abergläubischen Strandgängern. Aber der Geist des Manne Tetten forderte vergeblich Rache – die Mörder blieben unentdeckt.

Diese, teils ins legendenhafte gehende Nachricht ist der letzte Hinweis, daß Ermordungen von Schiffbrüchigen vorkamen. Jenes Ereignis soll dann aber doch, zumal in diesem Falle nicht unbekannte Ausländer, sondern Sylter Landsleute betroffen waren, zu einer allgemeinen Besinnung geführt haben, nicht zuletzt dank der Tätigkeit des Strandinspektors Lorens Petersen de Hahn.

Für den herzoglichen Anteil des Sylter Strandes sorgten seinerzeit drei Strandvögte – in Kampen, Westerland und Rantum. Letzterer hatte einen besonders großen Bezirk, nämlich den langen Nehrungshaken Hörnum, der mit Ausnahme des Dorfes Rantum ganz unbewohnt war. Kein Wunder, daß hier mancher Strandungsfall erst nach Tagen entdeckt wurde und Schiffbrüchige vor Durst und Hunger in den Dünen verschmachteten. Die Strandaufsicht des Listlandes nahmen hingegen die dortigen Erbpachtbauern wahr. Wie erwähnt, galt für die Enklave List ein anderes, das dänische Recht.

Als Lorens Petersen de Hahn im Jahre 1747 starb, folgte ihm zunächst der Landvogt Matthiessen als Strandinspektor und dann ab Anno 1788 vier Generationen der Familie Decker bis über das Jahr 1900 hinaus.

Der Amrumer Strand war in drei Bezirke, Norddorf, Nebel und Süddorf geteilt. Zur Süddorfer Strandvogtei gehörte die südliche Inselküste mit dem bis Ende des 19. Jahrhunderts unbesiedelten Wittdün. Sehr viele Strandungsfälle spielten sich jedoch auf den, der Insel seewärts vorgelagerten Sandbänken ab, wo die Rettung der

Schiffbrüchigen sowie die Bergung von Schiff und Ladung nur per Schiff möglich war. Da hier eine übliche Aufsicht und Leitung fehlte und in Bergungsfällen zwischen den Amrumer Sandvögten und den an Rettung und Bergung beteiligten Schiffern Unstimmigkeiten auftraten, wurde im Jahre 1808 Volkert Quedens zum »Sandvogt« bestellt. Er hat dann, wie andere Strandvögte, dieses Amt durch sechs Generationen bis in die Gegenwart hinein »vererbt« und damit seiner Familie eine bedeutende Einnahmequelle erschlossen. Denn durch das Bergen zahlreicher Schiffe wurden im Laufe des vorigen Jahrhunderts hohe Bergungsprämien kassiert.

Auch auf der Insel Föhr gab es an der seeseitigen Küste, in Dunsum, eine Strandvogtei. Der dortige Strandvogt hat aber keine großen Geschäfte gemacht, da es auf dieser, hinter Amrum und Hörnum liegenden Insel fast keine Strandungsfälle gab. Für Pellworm läßt sich ebenfalls schon seit Jahrhunderten eine Strandvogtei nachweisen, ebenso für die Hallig Süderoog, auf deren vorgelagerter Sandbank seit alters her zahlreiche Schiffe scheiterten. Der Karthograph Johannes Mejer hat auf Süderoog einen Leuchtturm verzeichnet, der hier allerdings nie gestanden hat. Doch trägt der Süderoog-Sand seit 1867 eine Bake. Schon Ende des 16. Jahrhunderts wurde Boy Ocksen zum Strandvogt bestellt. Ein späterer Strandvogt auf Süderoog, Peter Carstens, beklagte sich um Anno 1640 bei der Landesherrschaft, daß er zwei Pferde, drei Wagen und sechs Knechte halten muß, obwohl ihm nur die kaum noch wertvollen Wracks zufallen, wobei er außerdem noch die Beerdigung angetriebener Leichen zu besorgen habe. Seit dem Jahre 1444 sind Strandvögte auch für Eiderstedt, vor allem für die Westküste zwischen Westerhever und Süderhöft belegt.

Frei ist der Strandgang

Den Strandgesetzen gleich welcher Zeit und Fassung sowie den Strandvögten, standen jedoch seit jeher das ungeschriebene »Gesetz« und das Gewohnheitsrecht der Strandgänger gegenüber, entsprechend den Versen eines altsylter Liedes: »Frei ist der Strandgang – frei ist die Nacht . . .«

Wenn man davon absieht, daß es in älterer Zeit unter der Küsten- und Inselbevölkerung offenbar Elemente gab, die mit falschen Feuern Schiffe auf den Strand lockten, Schiffbrüchige ausraubten oder gar

»Strandräuber« machen Beute! Hier sind es zehntausende von Rasierklingen . . .

. . . dort wird eine Planke aus der Brandung geborgen

umbrachten, um Zeugen und Eigentümer zu beseitigen, so bezogen sich Strandgang und »Strandraub« doch ganz überwiegend darauf, daß man beim nächtlichen Strandgang in stürmischen Nächten mal hier ein Faß Wein oder Rum, dort Baumwollballen oder Holzplanken aus der Brandung barg, wovon der Strandvogt nichts erfuhr. Strandgang dieser Art schädigte ja auch nur selten die Eigentümer dieser Güter, weil sie kaum zu ermitteln waren, und richtete sich deshalb vor allem gegen die Obrigkeit und ihre Vögte, denen in solchen Fällen das Strandgut zufiel. Gerade dies mag erklären, daß der Strandgang auch von den durchweg biederen und ehrlichen Einwohnern nicht als unehrenhaft empfunden wurde und selbst geachtete Persönlichkeiten, wie Kapitäne oder Commandeure, zu gewissen Zeiten dem Strandgang oder »Strandraub«, wie immer man es nennen will, nachgingen.

Der Strandvogt hingegen hatte anläßlich seiner Amtsbestellung einen heiligen Eid abgelegt, bei der Strandaufsicht Gott allein vor Augen zu haben und sich genau nach den obrigkeitlich erteilten Instruktionen zu verhalten. Hier galt es nun einerseits den Auftrag zu erfüllen, andererseits im Guten und Bösen mit seinen Dorfnachbarn auszukommen, auch wenn sie Strandgänger waren. Die sich daraus zwangsläufig ergebenden Auseinandersetzungen haben immer wieder zu teils tragischen, teils heiteren Vorfällen Anlaß gegeben. Als beispielsweise der Rantumer Strandvogt Niß Bohn im Jahre 1694 drei Männer und vier Frauen wegen Strandraub angezeigt hatte, gab es viel böses Blut. Bald darauf wurde der Strandvogt auf seiner eigenen Hochzeit im Verlauf einer wilden Feier erstochen. Der seinerzeitige Landvogt, Steffen Taken, ergriff diese Gelegenheit und machte seinen Sohn Take Steffens zum Strandvogt von Rantum Letzterer heiratete sogar die jungfräuliche Witwe des ermordeten Niß Bohn.

Take Steffens, der sein Amt dann über viele Generationen vererbte, war aber nicht weniger streng. Anno 1699 ist im Sylter Register über »Dingfällung und Brüche« zu lesen, daß 19 Einwohner von Rantum »ein Oxhoft Französischen Weines eigenmächtig beim Strande pardieret haben« und je einen Taler Strafe zahlen mußten. Schon vorher waren einmal sämtliche Hausbesitzer von Rantum wegen Stranddiebereien zum Amtshaus nach Tondern befohlen worden.

Auf Amrum kam im Jahre 1849 der Strandvogt Hinrich Quedens auf eigenartige Weise durch die Tat eines Strandgängers ums Leben. Besagter Strandgänger, Albert Jensen, schlich sich mit seinem Vorderlader zum Haus des Vogtes und feuerte einen Schuß in das Dach.

Die Wirkung war verhängnisvoll! Der Vogt, gerade auf einer Bank der Ruhe pflegend, bekam infolge des Knalls einen derartigen Schreck, daß er binnen einer Stunde an Herzversagen starb. Strandgängerrache hat auch ein späterer Strandvogt aus Norddorf, Friedrich Erichsen, erfahren. Er hatte im Jahre 1873, im ersten Jahr seines Amtes, zwei Frauen mit wertvollen Planken eines gestrandeten norwegischen Schiffes gefaßt und brachte den Vorfall dem Birkvogt in Nieblum auf Föhr zur Kenntnis. Die beiden Frauen erhielten »bei Wasser und Brot« 14 Tage Gefängnis. Kurz darauf wurde der Strandvogt Erichsen in dunkler Nacht am Strande überfallen und in die Brandung geworfen, kam aber mit dem Leben davon. Wenig später gab er sein Amt wieder auf, »weil die göttliche und die weltliche Gerechtigkeit nicht miteinander harmonieren«.

Um Strandgänger auf frischer Tat zu erwischen, kam es früher öfter vor, daß Strandvögte sich nachts wie tot auf den Strand legten, so auch der Rantumer Strandvogt Nis Taken, der 1728, gerade 20 Jahre alt, Strandvogt geworden und wegen seiner Kraft gefürchtet war. Es dauerte auch nicht lange, da näherte sich eine Frau, stieß mit dem Fuß gegen die offenbar gerade angespülte Leiche, betete hastig ein »Vater unser« und griff dann aber in die Taschen des Toten, um Wertgegenstände zu finden. Da richtete sich der Strandvogt plötzlich auf, und gab der Strandgängerin eine Ohrfeige, so daß sie entsetzt durch die Dünen nach Hause floh und sich für lange Zeit nicht wieder am Strande zeigte.

Allzuoft aber trugen die Strandgänger den Triumpf nebst »Strandsegen« davon. So hatte beispielsweise der erwähnte Norddorfer Strandvogt Erichsen einmal ein Faß mit Rotwein geborgen und in seine Scheune gebracht. Sobald wie möglich sollte es gegen entsprechenden Bergelohn an die als Eigentümer ermittelte Reederei zurückgegeben werden. Es war jedoch Winter geworden und Eis behinderte den Schiffsverkehr zur Insel Amrum. So blieb das Faß zunächst liegen. Bald jedoch entdeckten einige Dorfjugendliche über das Hühnerloch einen Zugang zum Faß und beraubten dieses Flasche um Flasche seines Inhaltes. In der Zeit des Ersten Weltkrieges wurde auch der Rantumer Strandvogt das Opfer einer ähnlichen Aktion. Und viel Aufregung gab es um ein Faß mit 500 Liter Rum, das 1940 auf dem Kniepsand von Amrum antrieb, dort von Strandgängern gefunden und unter Aufbietung aller verfügbaren Flaschen und Behälter im Laufe der Nacht geleert werden konnte. Das Faß und damit die Tat, wurde gleich am nächsten Tage vom Strandvogt entdeckt. In Begleitung des Inselgendarmes erfolgte eine rigorose Hausdurchsuchung bei einigen Verdächtigen, aber vom Rum keine Spur! Die Strandgänger hatten in weiser Voraussicht dieser Aktion die Flaschen und Behälter verstreut in den Dünen vergraben und holten sie erst später nach Hause.

*

Strandvögte waren seit König Waldemars Zeiten, seit Mitte des 13. Jahrhunderts in Aktion – aber auch das Strandgängertum hat eine lange Tradition. Als zum Beispiel im Jahre 1949 riesige Mengen von Apfelsinen eines in Seenot geratenen Schiffes überall an den Küsten des Festlandes und der Inseln und Halligen antrieben, wurde dieser »Strandsegen« als willkommene Nahrung in der ärmlichen Nachkriegszeit angesehen. Stets wurde auch das angespülte Holz gesammelt und als Brennmaterial genutzt. Mit »Kleinholz« kam man nicht dem Gesetz und dem Strandvogt in die Quere. Doch dann und wann trieben und treiben immer wieder wertvollere Güter an, wie vor einigen Jahren Fässer mit feinem Öl oder Mengen von Planken der Decksladung eines von Norwegen kommenden Schiffes, das sich dieser Fracht bei schwerem Sturm vor den nordfriesischen Inseln entledigen mußte. Und weil der Reiz des Suchens und Findens lockt und immer der Eventualfall eines kostbaren Fundes besteht – von dem dann der Strandvogt natürlich nichts erfahren darf – gibt es immer noch Insulaner, die regelmäßig bei jedem Wetter ihren Strandgang machen.

Aber die große Zeit des Strandganges, die Zeit der Wein- und Rumfässer, ist doch vorbei, weil Strandungsfälle in unserem Küstenbereich durch den Wechsel von Segel- auf Dampfschiffahrt, die Änderung von Schiffswegen (z. B. durch den Bau des Nord-Ostsee-Kanales), die Verbesserung der nautischen Instrumente und des Seezeichenwesens selten geworden sind. Und Strandholz findet heutzutage dank der neuen Heizquellen Öl und Strom keine Liebhaber mehr – es seien denn Kurgäste, die sich mit Strandholz ihre eigenartigen »Burgen« bauen, wie man sie sommertags auf dem Amrumer Kniepsand, aber auch am Sylter Strand sieht.

Bis Mitte des Jahres 1991 gab es Strandvogteien und Strandvögte in allen Küsten- und Inselgemeinden mit einem Strand. Dann wurde das Amt, das über 700 Jahre das bedeutendste und begehrteste an der

Nordsee war, durch Erlaß des zuständigen Ministeriums aufgelöst und den Ordnungsämtern der betreffenden Gemeinden übertragen. Für den Staat ist der Strand längst kein Geschäft mehr, die Erlöse der Strandauktionen deckten nicht mehr den Aufwand.

Strandleichen und Heimatlosenfriedhöfe

Zu den Aufgaben des Strandvogtes gehörte es früher auch, angetriebene Leichen zu bergen. Man darf wohl annehmen, daß Strandleichen, die auf den Düneninseln Sylt und Amrum antrieben, in alter Zeit einfach dort begraben wurden, wo man sie fand. Aus dem 18. Jahrhundert ist bekannt, daß auf Anordnung des Landesherrn eine Beerdigung auf dem zuständigen Inselfriedhof zu erfolgen hatte, und zwar auf »Christliche Weise« und auf Kosten des Strandvogtes. Standen die Leichen in unmittelbarem Zusammenhang mit einem Strandungsfall, durfte der Bergungserlös zur Kostendeckung herangezogen werden. Im Jahre 1812 kam jedoch die Verordnung heraus, »daß die Kosten der Beerdigung der an den Strand antreibenden Leichen, bey welchen keine Sachen von Werth gefunden werden, aus deren Ertrag diese Kosten bestritten werden können, aus der Königlichen Kasse abgehalten werden mögen«. Als aber nach dem Ende des Englisch-Dänischen Krieges im Jahre 1814 die Handelsseefahrt erneut auflebte und damit die Einschleppung von Seuchen, vor allem des tropischen Gelbfiebers, drohte, begann man – wenn auch aus unbegründeter Furcht – Strandleichen kurzerhand wieder an Ort und Stelle zu begraben. »Die Leichen, welche an unseren Strand antrieben, sind seit undenklichen Zeiten nicht mehr auf die Kirchhöfe gebracht, sondern wo selbige gefunden wurden, in einer Dünenschlucht verscharrt worden . . . gleich wie Kadaver von tierischen Körpern ohne Sarg, was mir immer sehr zu Herzen ging«, notierte der Westerländer Strandinspektor Wulf Hansen Decker im Jahre 1855, und wunderte sich, »daß man das Quarantänegesetz als Hemmschuh einer ordentlichen Beerdigung höheren Orts nicht so modifizierte, daß man solche Berufsbrüder und größtenteils Christenmenschen nicht feierlicher beerdigen könne . . .« Wulf Hansen Decker schreibt dann weiter, daß sein Vater begann, Strandleichen in eine Kiste zu legen und mit einem stillen »Vater Unser« in ein Grab zu betten, offenbar in einem Winkel des Dorffriedhofes.

In älterer Zeit wurden Schiffe auch durch falsche Feuerzeichen in die Brandung gelockt – ehe das Strandgesetz von 1706 dieses Tun mit der Todesstrafe bedrohte.

Der Heimatlosenfriedhof in Westerland auf Sylt

Auf Initiative des Strandinspektors legte die Gemeinde Westerland dann im Jahre 1855 südwestlich des Dorfes einen besonderen Friedhof an, »schön eingefriedigt und Heimatstätte für Heimatlose« genannt. Ein weiterer Heimatlosenfriedhof entstand 1865 in List, wo bis zum Jahre 1886 15 Tote ihre letzte Ruhe fanden. Streitigkeiten zwischen den Listlandbesitzern und der Regierung über die Unterhaltungskosten führten dann aber zur Stillegung dieses Friedhofes. Die namenlosen Toten wurden fortan, wie auch die vom Strandbezirk Wenningstedt-Kampen, auf dem Keitumer Friedhof begraben. Bergungs- und Beerdigungskosten aber wurden nicht mehr, wie unter der dänischen Hoheit, vom Staate getragen, sondern von der neuen, sparsamen Preußischen Regierung den Gemeinden aufgebürdet.

Der Westerländer Heimatlosenfriedhof nahm die Strandleichen des Westerländer und Rantum-Hörnumer Strandes auf. Er machte im Jahre 1888 weit über Sylt hinaus Geschichte, als die in Westerland weilende Königin von Rumänien, sich als Dichterin Carmen Sylva nennend, »in Gedanken an die fernen Witwen und Waisen« einen Gedenkstein stiftete. Unter dem Titel »Heimat für Heimatlose« schrieb Oberhofprediger Rudolf Kögel aus diesem Anlaß ein Gedicht, das später in allen deutschen Lesebüchern gedruckt wurde. Der erste Vers lautet:

So nah dem Strand ein stiller Raum
ein eingehegter Garten.
Will man bei Sturm und Wogenschaum,
hier noch der Blumen warten?
Ich trete ein – zwei Gräberreihn
im Heidekraut und Moose . . .

Der letzte Vers steht eingraviert auf einer Marmortafel, die der Gedenkstein trägt:

Wir sind ein Volk, vom Strom der Zeit
gespült ans Erdeneiland,
voll Unfall und voll Herzeleid,
bis heim uns holt der Heiland.
Das Vaterhaus ist immer nah,
wie wechselnd auch die Lose.
Es ist das Kreuz von Golgatha
Heimat für Heimatlose.

Obwohl seit 1905 nicht mehr benutzt, liegt der Heimatlosenfriedhof noch heute gleich einer kleinen grünen Oase inmitten einer unruhigen Stadt, die rings um ihn gewachsen ist.

Ein Gedenkstein an der Turmruine von Pellworm erinnert an das Unglück des Wikingerschiffes »Ormen Friske«

Der Amrumer Heimatlosenfriedhof neben der Windmühle von Nebel. Auf den Kreuzen steht nur das Funddatum der Strandleichen

Auf Amrum wurden die Strandleichen nachweislich in der zweiten Hälfte des vorigen Jahrhunderts in der Nordwestecke des Friedhofes, auf dem jetzigen Ehrenplatz, begraben. Erst seit 1906 ist ihnen auf dem hohen Geestrücken westlich von Nebel, nahe der Mühle, ein eigener Friedhof gegeben worden. Das Grundstück dafür stellte der Kapitän Carl Jessen zur Verfügung. Auf der Eingangspforte lesen wir den Vers: »Es ist noch eine Ruhe vorhanden« und auf einem Stein: »Freuet euch, daß eure Namen im Himmel geschrieben sind«. Die erste Bestattung fand am 23. August 1906 statt. Seitdem haben 31 Tote hier ihre letzte Ruhestätte gefunden.

Pastor Pörksen, der mehrere Strandleichen beerdigt hat, berichtet, daß zunächst eine provisorische Bestattung erfolgte und dann am Sonntag nach dem Fundtage die Gottesdienstteilnehmer von der Kirche hinauf zum Heimatlosenfriedhof wanderten, wo eine entsprechende Feier gehalten wurde. Hierzu sangen die Schulkinder das Lied: »Wie mit grimm'gen Unverstand, Wellen sich bewegen . . .« Öfter aber sind Tote auch wieder ausgegraben und in ihre Heimat überführt, wenn es gelang, ihren Namen zu ermitteln. Das ist besonders in den letzten Jahren der Fall gewesen, dank der vielfältigen Identifizierungsmethoden.

Ein anderer Heimatlosenfriedhof liegt am Fuße der Turmruine von Pellworm, eindrucksvoll mit seinen roten Steinplatten und dem Gedenkstein an das Unglück des Wikingerschiffes »Ormen Friske« mit seinen 15 schwedischen Studenten im Sommer des Jahres 1950.

Der Strandvogt hat heute allerdings nur noch in Ausnahmefällen seine Last mit Strandleichen. Für Bergung, Identifizierung und die sonstigen Mühen und Kosten ist das Ordnungsamt zuständig.

Gestrandet auf Sylt

»Skap üb Strunn!« – Schiff auf Strand! Jahrhundert um Jahrhundert hat dieser Ruf die Küsten- und Inselbevölkerung in Aufregung versetzt. In Tagebüchern und Familienchroniken, in den Akten der Strandbehörden, später dann in den Berichten der »Deutschen Gesellschaft zur Rettung Schiffbrüchiger« und in Seeamtsverhandlungen haben Umstände und Dramatik dieser Ereignisse ihren Niederschlag gefunden.

»Reintjedina« – gestrandet vor Wenningstedt im Jahre 1890

Trotz der damit verbundenen behördlichen Protokollarien, vor allem hinsichtlich der Bergung und Anteilsberechnung, sind Strandungsfälle im einzelnen erst seit etwa Mitte des 18. Jahrhunderts belegt. Es ist jedoch zu vermuten, daß Akten aus älterer Zeit noch in dänischen oder schleswig-holsteinischen Archiven lagern. Strandungsfälle, die einheimische Schiffe betrafen, sind aber schon seit etwa Anno 1600 bekannt. So erlitt beispielsweise im Jahre 1607 die auf Hörnum stationierte Sylter Heringsflotte große Verluste. Bei einem Sturm am 26. August ertranken hier 45 Fischer. Im Spätherbst 1689 strandeten mehrere Schiffe mit kostbaren Ladungen am Sylter Strand, darunter eine Floite von Föhr unter Führung des Kapitänes Boh Fedderssen, mit 2200 Tonnen Roggen beladen.

In seiner »Chronik der Friesischen Uthlande« zeichnet C. P. Hansen aus dem 17., 18. und 19. Jahrhundert ein besonders düsteres Bild des langhingestreckten, unbewohnten Sylter Nehrungshaken Hörnum. »Da auf der ganzen langen Halbinsel nur ein Strandvogt die Aufsicht hatte (von Rantum aus), so wurden in der Regel die meisten der gestrandeten Güter gestohlen und Schiffbrüchige irrten lange in dieser öden Gegend umher, ohne menschliche Hilfe zu finden. Angespülte Leichname blieben nicht selten liegen, bis der Flugsand sie bedeckte . . .« »Ein Sturm im Dezember des Jahres 1703 jagte wieder einige Schiffe auf den Hörnumer Strand, darunter ein russisches mit Hanf, Roggen und Juchten, und ein holländisches mit Manufacturwaren beladen, dessen Wert auf 6 Tonnen Gold geschätzt wurde. Von den Besatzungen dieser Schiffe ertranken 38 Mann, die Schiffsladungen aber konnten wie gewöhnlich (!) glücklich geborgen werden. Das sonst so öde Hörnum war plötzlich durch eine Menge von allen Seiten herbeieilender und herbeischiffender Glücksritter belebt, und selbst die Strandbeamten, ja, der Sage nach sogar der Amtmann von Tondern, sollen bei diesem allgemeinen Raube die Hände nicht rein behalten haben. Als sich nun der Eigentümer, ein holländischer Jude, meldete und ein Drittel der geborgenen Güter forderte, war guter Rat teuer! . . .« »Gegen Endes des Jahres 1764 war während eines heftigen Sturmes auf Hörnum ein nach Bremen bestimmtes Schiff, mit Branntwein beladen, gestrandet. Die Ladung war glücklich an Land gebracht worden und sollte im kommenden Frühjahr wieder eingeschifft werden. Sie war aber, eben weil es sich um Branntwein handelte, gegen Stranddiebe nur unzureichend zu schützen. Daher ließen der Landvogt von Sylt, Matthies Matthiessen und der Strandvogt Nis

Taken eigens zur Bewahrung dieser Ladung auf der Südspitze ein Haus aus Strandholz bauen und durch 4 mutige, unbescholtene Sylter bewachen.«

Erneute Aufregung gab es am 23. November 1772. Ein englisches Schiff, mit Manufacturwaren beladen, zerschellte auf einer Sandbank vor Hörnum. Nur drei Matrosen gelangten im Schiffsboot unter Lebensgefahr durch die Brandung an Land, fanden als erste Unterkunft die erwähnte Hütte und gelangten am folgenden Tag nach Rantum. »Unterdessen verbreitete sich die Kunde, daß ein Schiff mit kostbarer Ladung vor Hörnum gesunken sei, schnell über die Dörfer und Inseln. Ein Wetteifer, eine wahre Wut entstand unter den Insulanern, die nach den versunkenen Schätzen suchten. Hier lagen die Rantumer auf Lauer, dort schlichen Föhrer umher und spähten nach Beute, die aber nicht antreiben wollte. Zwischen den Sandbänken kreuzten die waghalsigen Amrumer auf und ab und taten mittels langer Haken manchen glücklichen Zug. Selbst Helgoländer tauchten am Strandungsort auf . . . Erst als zwei Einwohner aus Braderup mit ihrem Boot bei der Schatzsuche ertranken, kühlten sich die Gemüter ab. Das Schiff blieb mitsamt der Ladung verschwunden . . .«

Im Jahre 1773 strandeten erneut drei Schiffe auf Hörnum und auch die folgenden Jahre blieben selten ohne Strandungsfall. »Am 22. Oktober 1795 führte die Nordsee den Inselbewohnern wieder einen reichen Strandsegen zu. Es strandeten drei Schiffe, eines bei Westerland mit Stückgütern, eines auf Hörnum mit Wein und Früchten und das Schiff von Kapitän Boy Bonken von Sylt auf einer Sandbank vor Amrum, ebenfalls beladen mit Wein. Mehr als einem Inselfriesen wurde dabei ein Faß Wein vor die Tür gerollt . . .« Am Ende seiner Chronik hat C. P. Hansen eine Liste über die Ertrunkenen am Hörnumer Strand zusammengestellt. Es sind fast 300 Seefahrer, dazu eine unbekannte Anzahl von Besatzungen, die mit ihrem Schiff vor Hörnum zugrunde gingen und außer Wracktrümmern keine Spur hinterließen. Im gleichen Zeitraum, von etwa 1600 bis 1870, wurden an den übrigen Sylter Stranddistrikten nur 118 Tote registriert. Wie schon erwähnt, bekamen die Strandvögte am Sylter Strand im Jahre 1713 auf Anordnung des Landesherrn eine Oberaufsicht in Gestalt eines Strandinspektors. Nach Lorens Petersen de Hahn und dem Landvogt Matthiessen erhielt im Jahre 1738 Broder Hansen Decker aus Westerland dieses Amt, das er bei seinem Tode im Jahre 1817 an seinen Sohn Manne Broder Decker vererbte, der es wiederum bei seinem Ableben

1852 in die Hände des Sohnes Broder Manne Decker legte. Und noch einmal, 1881, wurde dieses Amt innerhalb der Familie Decker weitergegeben. Vier Generationen haben über ein Jahrhundert lang fast 200 Strandungsfälle erlebt und aufgeschrieben.

Immer wieder wurden sie, oft in stürmischen, regendurchpeitschten Nächten in die unheimliche Wildnis von Hörnum und zu anderen Strandbezirken gerufen, um Rettungsmaßnahmen einzuleiten und Übergriffe seitens ungerufener Strandgänger zu verhindern. Die erste Eintragung verzeichnet die Strandung des Stettiner Schiffes »Die Einigkeit« am Strand von Westerland. Das Schiff hatte Pfeifenstäbe und Gips geladen. Es gelang, Besatzung, Takelage und einen Teil der Ladung zu retten, ehe die Brandung das Schiff zerschlug.

Kein Jahr verging ohne Strandungsfall, ein Unglück reihte sich an das andere. Mal war es ein dänisches Schiff, dann ein englisches oder holländisches. Auch Norweger, Schweden und Russen, Franzosen und Spanier strandeten mit ihren Barken, Briggschiffen, Floiten, Galeassen, Kuffen, Schmacks oder Vollschiffen, ebenso Schiffe aus den deutschen Teilstaaten Oldenburg, Hannover, Mecklenburg, Danzig und aus den Hansestädten.

Die ganze Dramatik eines Strandungsfalles kommt in einem Bericht über die Strandung der norwegischen Brigg »Activ« am 21. Januar des Jahres 1821 zum Ausdruck. Schon vier Tage trieb das Schiff, voll Wasser und nur noch auf der Holzladung schwimmend, in der wütenden See. Ohne Steuer, völlig machtlos gegen die Elemente, stieß es schließlich bei Kladdigdäl auf den Sylter Strand. Kurz nach der Strandung warf die Besatzung mehrere Holzplanken mit Kleiderbündeln über Bord, um den Verlauf der Strömung zu erkunden. Dann ließen sie an einer langen Leine eine Kiste durch die Brandung treiben. Aber das Rettungswerk wäre wohl kaum gelungen, wenn nicht zufällig der Strandvogt Peter Taken zur Stelle gewesen wäre. Als nach und nach die Besatzungsmitglieder, an Planken festgebunden, über Bord gingen, konnte der Strandvogt sie in der Brandung erfassen oder ihnen ein Seil zuwerfen und an Land ziehen. Besonders erregend gestaltete sich die Rettung des Kapitänes und seines 12jährigen Sohnes, die an eine Planke gebunden über eine Viertelstunde in der Brandung um ihr Leben kämpften, wobei der Vater ständig bemüht war, den Kopf des Jungen über Wasser zu halten. Inzwischen war auch der Strandinspektor Decker am Strandungsort erschienen, und es gelang mit vereinten Kräften, die beiden aus der Brandung zu retten. Dann sprangen die restlichen Besatzungsmitglieder über Bord »und die göttliche Vorsehung, die so sichtbar über das Leben dieser Mannschaft waltete, half auch hier . . .«, schrieb Decker später in seinem Protokoll. Die Geretteten taumelten, halb erfroren und völlig erschöpft am Strande umher oder krochen auf allen Vieren hinein in die Dünen, wo manche in Ohnmacht fielen. Von Rantum wurden in aller Eile Fuhrwerke geholt, um die Verunglückten nach dort zu bringen. Eine Stunde nach der Strandung hatte die Brandung das Schiff auseinandergeschlagen.

Am 19. November 1834 strandeten drei Schiffe auf Sylt, zunächst die norwegische Galeasse »Lükken« bei Westerland, dann ein weiteres norwegisches Schiff bei Hörnum. In beiden Fällen wurden die Besatzungen gerettet. Am gleichen Tage trieb ein mit Holz beladener Dreimaster von Gothenburg kommend bei Stiinglat an. Bei schwerem Sturm hatte das Schiff seine Masten verloren und war nur dank der Holzladung vor dem Untergang bewahrt worden. Mit einem Schiffsboot erreichten 15 Mann der Besatzung den Strand und fanden in Rantum Verpflegung und Unterkunft.

Nicht weniger dramatisch war der 10. November des Jahres 1850. Der Strandinspektor Manne Eroder Decker hat über diesen Tag das Nachfolgende zu Papier gebracht: »Am 4. November 1850 wehte wieder ein heftiger Sturm aus Südwest, welcher in der Nacht stark zunahm, darauf nach Nordwest drehte und fast 8 Tage lang anhielt. Am Nachmittag des 10. November ging ich zum Roten Kliff, und welch ein Anblick bot sich mir dort! Westlich von Wenningstedt lag eine ostfriesische Kluff, hoch und unbeschädigt auf dem Kliff. Die Mannschaft derselben war mit Hilfe von Seilen auf das Kliff geklettert und die Roggenladung bereits durch Fuhrwerke geborgen worden. Weiter nordwärts lag eine schöne englische Brigg in der rollenden Brandung. Die sich brechenden Wellen bäumten sich hoch bis in die Masten hinauf. Auch hier war die Besatzung mit Hilfe von Kampener Einwohnern über Seile an Land gelangt. Die Schiffsladung, Gerste, wurde jedoch aus dem Schiffsleib gespült und trieb hinaus auf das Meer. Wiederum 1000 Schritte nördlicher lagen die Trümmer eines bereits in See vor der Insel zerschlagenen russischen Schiffes, dessen Ladung, aus Weinfässern bestehend, in die Dünenschluchten hineingetrieben war. Von der Mannschaft ist jedoch niemand nach Sylt gekommen, sie ist offenbar ertrunken. Überall herrschten Verwüstung und seltsame Szenen. Hier gescheiterte Schiffe, dort neugierige Spaziergänger und aus den Weinfässern nippende Leckermäuler, hier unglückliche

Schiffbrüchige, dort glückliche Strandvögte und Strandläufer, hier bergende Arbeiter, dort müßige Zuschauer . . .« Am gleichen Tage scheiterte noch ein englisches Schiff mit Steinkohlenladung unweit Hörnum und ein holländisches Schiff mit Holz am Strand von List. Tags darauf trieb wieder ein englisches Schiff mit Weizen beladen bei Westerland an, dessen Mannschaft und Ladung gerettet werden konnte, und die Amrumer lotsten ein havariertes englisches Schiff nach Amrum in Sicherheit. Die teils beschädigten Schiffsladungen, vor allem Roggen, Weizen und Wein, wurden bald darauf öffentlich versteigert, »so daß sich die Insulaner den ganzen Winter an Weizenbrot und Wein labten . . .« Jahre später trieben dann über 10000 Zigaretten und mehrere Tabakballen an, und die Sylter waren einmal mehr mit Kolonialwaren reichlich versorgt.

Nach den Strandungsprotokollen der Strandinspektoren Decker sind in der ersten Hälfte des 19. Jahrhunderts fast 80 Schiffe am Sylter Strand verunglückt. 1856 wurde der Leuchtturm von Kampen mit einem 8 Seemeilen weit sichtbarem Licht erbaut, ein Jahr später auch die Leuchtfeuer auf dem Ellenbogen von List. Die Zahl der Strandungsfälle ging jedoch nicht zurück – nach wie vor jagten Stürme hilflose Segelschiffe aller Art in die Brandung von Sylt. So heißt es beispielsweise in den folgenden Jahren: »In der Nacht zum 11. Januar 1857 strandete südlich Westerland der Schiffer Hinrich Kamp mit seiner hannoverschen Kuff »Aurora«, mit einer Ladung Bohnen von Brunsbüttel nach Lieth unterwegs. Die Besatzung einschließlich der Kapitänsfrau wurde gerettet. Von der Ladung konnten 460 Tonnen Bohnen geborgen werden. – Am 20. März 1858 stieß auf dem Außenriff nördlich Kampen das Wrack einer Galliot auf, die Balken und Planken geladen hatte. Der Großmast war 5 Fuß über dem Verdeck gebrochen, während Besanmast und Bugsprit noch standen. Die abgeschlagene Verschanzung ließ vermuten, daß die Mannschaft über Bord gespült worden ist. An Bord befand sich eine norwegische Flagge. In der folgenden Nacht wurde das Schiff in der Brandung völlig zertrümmert. Am Abend des 3. April 1858 kamen in einer Schaluppe 7 Mann der Besatzung des britischen Schoners »Taver« hier an Land. Im Morgengrauen hatten sie ihr Schiff in sinkendem Zustand verlassen, es war mit Steinkohlen von Newcastle nach Stettin unterwegs. Die Mannschaft war sehr erschöpft und hatte nur das nackte Leben gerettet. – Am 28. Oktober 1859 strandete bei Westerland der Schiffer Hinriek Harm de Buhr mit seinem Schiff »Elisabeth«, beladen mit Holz. Das

Schiff wurde bald zum Wrack geschlagen. – Am 8. Oktober 1860 trieb bei Westerland ein gekentertes Schonerschiff mit Holzladung an. Durch einen Zimmermann wurde ein Loch in das Hinterteil geschlagen, um die Ladung zu bergen. Später stellte sich heraus, daß es sich um das norwegische Schiff »Erna« handelte. Den Umständen nach muß das Schiff sehr plötzlich gekentert sein, wobei die ganze Mannschaft ihr Leben verloren hat. – Am gleichen Tage wurde ein entmastetes Schiff vor Rantum gesichtet. Es blieb auf dem Außenriff hängen und konnte erst zwei Tage später vom Lande aus mit einem Boot erreicht werden. Von der Besatzung fehlte jede Spur. Nach den Papieren handelte es sich um den schwedischen Schoner »Hilding«, mit Weizen von Riga nach Holland bestimmt. Die Bergung der durchnäßten Ladung gestaltete sich sehr schwierig. Bis zum 15. Oktober waren 10 Tonnen Hafer und 22 Tonnen Weizen geborgen, doch drei Tage später wurde das Schiff zertrümmert auf den Strand geworfen.

Schiffe, die in die Brandung des Sylter Strandes gerieten, gingen fast immer verloren. Nur in einigen Fällen gelang es, die Schiffe nach Entladung der Fracht unversehrt wieder flott zu machen. Meistens wurden die Schiffskörper aufgeschlagen, abgebrochen und das daraus gewonnene Holz verauktioniert. Doch als der Konsul Nommensen von Wyk auf Föhr mehrere gestrandete Schiffe aufgekauft und nach entsprechenden Bemühungen vom Strande gebracht und neu betakelt hatte, machte dieses Beispiel Schule. Der spätere Konsul Heymann, Wyk, der Schiffszimmermann Lorenzen, Wyk, und Sylter Unternehmer, voran Baumeister P. Th. Diedrichsen und Th. Diedrichsen, haben noch manches Schiff vor dem Wrackschlagen bewahrt und wieder seetüchtig gemacht. Auch die Lage der Schiffbrüchigen besserte sich, als 1865 die »Deutsche Gesellschaft zur Rettung Schiffbrüchiger« gegründet wurde und bald darauf auch auf Sylt Rettungsstationen und Rettungsmittel zur Verfügung standen (siehe S. 143).

Doch gab es weiterhin dramatische und tragische Strandungsfälle. Am 29. September 1872 geriet bei orkanartigem Sturm zunächst die Papenburger Kuff »Gesina« bei Wenningstedt auf Strand, gefolgt von einer norwegischen Brigg und der Kuff »Bonna Rommeling«. Die Besatzungen konnten gerettet werden. Am nächsten Tage jedoch strandete wieder ein Schiff bei Wenningstedt, die holländische Kuff »De Spreut«, und diesmal gab es einen unglücklichen Verlauf der Ereignisse. Obwohl ein Boot zur Stelle war, wagte sich zunächst von den, auf der Kliffkante stehenden Syltern niemand durch die hohe Brandung hinaus zu dem Schiff. Nachdem jedoch der frühere Seemann Peter Dirk Eschels von dem Strandungsfall Kunde erhalten hatte, eilte er unverzüglich zur Unglücksstelle, ließ sich eine Leine umbinden, sprang in das Ruderboot und gelangte unter größter Gefahr und Anstrengung zum gestrandeten Schiff. Die vierköpfige Besatzung stieg in das Boot, doch das mutige Rettungswerk sollte nicht gelingen. Auf dem Rückwege brachte eine hohe Welle das Boot zum kentern, wobei alle fünf Mann herausgeschleudert wurden. Während es Eschels noch gelang, den Kapitän zu ergreifen, trieben die anderen, darunter der Sohn des Kapitäns ab und verschwanden in den Wellen. Den Kapitän festhaltend, wurde Eschels an der Leine an Land gezogen, wo er ohnmächtig zusammenbrach. Für diese mutige Rettungstat erhielt er von der »Deutschen Gesellschaft zur Rettung Schiffbrüchiger« eine Medaille am Bande, doch hatte ihn der Unfall so betroffen, daß er nicht wieder ganz gesund wurde und nur zwei Jahre später, erst 26 Jahre alt, in Boston starb.

Ähnlich aufregende und tragische Ereignisse spielten sich bei einem Sturm in den Tagen des 15. und 16. Oktobers 1881 am Strand der Insel Sylt ab, als vier Schiffe in die Brandung gerieten. Zuerst strandete die Stettiner Brigg »Else« vor Westerland, wurde dort gegen die Holzpromenade geworfen, trieb wieder zurück und schlug auf eine Steinbuhne auf, wobei der Kiel brach. Das Schiff legte sich daraufhin auf die Seite, mit den Masten platt auf dem Wasser. Vergeblich kämpfte die achtköpfige Besatzung, die sich auf dem Vorderteil des Schiffes festklammerte, um ihr Leben. Zwei Mann versuchten, an einem Wrackstück treibend, den Strand zu erreichen. Sie wurden wild in der Brandung umhergeschleudert und waren plötzlich verschwunden. Ein kleiner Schiffsjunge hing in der Takelage und rief durch das Heulen des Sturmes nach seiner Mutter. Verzweifelt und hilflos mußten die auf den Stranddünen versammelten Sylter zusehen, wie vor ihren Augen die Schiffsleute zugrunde gingen. Einer von ihnen, Paul Nikkelsen, ließ sich eine Leine um den Leib binden und versuchte, schwimmend das Wrack zu erreichen, mußte aber ohnmächtig wieder an Land gezogen werden. Unmittelbar nach der Strandung war auch die Rettungsmannschaft alarmiert worden und transportierte den Raketenapparat zur Unglücksstelle. Die hinübergeschossenen Leinen konnten von den Schiffbrüchigen jedoch nicht erfaßt werden, weil sie alle Hände benötigten, um sich in der Brandung am Schiffsrumpf festzuhalten. Da wogten zwei aufeinander folgende, haushohe Wellen

Die holländische Kuff »De Spreut«, gestrandet am 30.9.1872

Ein Strandungsfall am Roten Kliff von Sylt

heran und zertrümmerten das Wrack. Die Mannschaft verschwand in der See, nur ein Mann kam in der Gischt wieder zum Vorschein, aber eine nachfolgende Welle riß ihn auf Nimmerwiedersehen fort.

Wenig später trieb ein Dreimaster mit zerrissenen Segeln auf die Küste zu und strandete eben südlich der Eidumer Vogelkoje. Doch konnte die Besatzung mittels einer Raketenleine der Rantumer Rettungsmannschaft geborgen werden. Es handelte sich um die schwedische Bark »Wilhelm fra Frederikshavn«. Gegen 10 Uhr nachts meldete die aufgestellte Strandwache einen neuen Unglücksfall nahe des schwedischen Schiffes. Wieder mußte die Rantumer Rettungsmannschaft mit ihrem Raketenapparat ausrücken und auf gut Glück richten – als einziges Ziel eine Sturmlaterne im Mast des gestrandeten Schiffes. Aber schon der erste Schuß lag gut und die Schiffbrüchigen kamen nacheinander mit der Hosenboje an Land. Es waren Finnen. Ihr Schiff hieß »Patria«.

Aber noch war die Strandungsserie nicht zu Ende. Im Morgengrauen, bei abflauendem Wind, lief ganz in der Nähe der beiden genannten Schiffe die Föhrer Kuff »Friederike«, von England mit Kohlen kommend, auf den Strand. Es war jedoch gerade Ebbezeit und so konnte sich die Besatzung wenig später trocken an Land retten.

Am 13. Dezember des Jahres 1886 erscheint zum ersten Male ein Dampfschiff in der Strandungsliste. Es ist die »Selbyll« aus Newcastle, die nach siebentägiger Havarie bei List einkommt, aber später die Reise nach Hamburg fortsetzen kann. Es bleiben dann aber in den nachfolgenden Jahrzehnten doch fast ausnahmslos Segelschiffe, die am Sylter Strand scheitern. Ein besonders tragischer Fall ereignete sich wieder im Herbst des Jahres 1890. Am 29. Oktober segelte die englische Galiot »Reintjedina« in sinkendem Zustande längs der Sylter Küste und stieß vor Wenningstedt auf Grund, den Steven zum Lande gerichtet. Die Strandung des schon 10 Fuß tief liegenden Schiffes erfolgte bei Niedrigwasser, infolgedessen lag es fast 450 m vom Lande, und entsprechend schwierig gestalteten sich die Versuche zur Rettung der vierköpfigen Besatzung. Erst mit dem 19. Raketenschuß gelang es, eine Leinenverbindung herzustellen, aber das nachzuziehende Jollentau verfing sich an einer Steinbuhne. Gegen Abend traf dann eine weitere Rakete ihr Ziel, und die Schiffbrüchigen, die sich hinauf in die Takelage geflüchtet hatten, konnten die Leine erfassen und an einer Rah befestigen. Schwere Brecher überschütteten das Schiff. Die Dunkelheit brach herein und zwang zur vorläufigen Ein-

Dreimastschoner »Martha Persival« – mit Schieferladung im März des Jahres 1901 bei Rantum gestrandet . . .

. . . und nach vergeblichen Bergungsversuchen im Mai durch einen Sturm zerschlagen

stellung der Rettungsversuche. Kurz nach 7 Uhr abends kam dann aber doch ein Mann über die Leinenverbindung an Land, der Matrose James Tellfort. Der Steuermann hatte ihm einen Block auf die Leine gehängt. Etwa gegen 10 Uhr nachts versuchte der Steuermann William Gordon auf die gleiche Weise, ohne Hosenboje, an Land zu kommen. Doch die Leine riß und Gordon stürzte ins Meer, so daß er nur noch als Leiche an Land gezogen werden konnte. Im Morgengrauen unternahm die Rettungsmannschaft einen neuen Versuch, eine Leine zur »Reintjedina« zu schießen. Alle Raketen von Westerland und Kampen waren bereits verschossen und es wurden die letzten von Rantum und List geholt. Trotz der Entfernung und der ungünstigen Lage des Schiffes trafen mehrere Schüsse, doch konnte keine der Leinen von den zwei Männern erreicht und für die Benutzung einer Hosenboje befestigt werden. Trotz schwerer See versuchte gleichzeitig das Lister Ruderrettungsboot die Unglücksstelle zu erreichen, mußte aber wieder umkehren. Erst am Morgen des 31. Oktobers, als der Wind sich etwas gelegt hatte, gelang es vier Syltern mit dem Westerländer Badeboot an das Wrack heranzukommen und die letzten beiden Männer zu bergen. Der Kapitän Edmund Reid war aber schon gestorben, nur der Schiffsjunge Miller lebte noch. Die beiden Toten der »Reintjedina« wurden über die Heide nach Keitum gebracht und dort unter Anteilnahme der ganzen Insel begraben.

Besonders tragisch in Zusammenhang mit dieser Strandung war aber auch der Tod von zwei Männern des Amrumer Rettungsbootes, das durch ein Telegramm des Westerländer Postinspektors alarmiert, am 30. Oktober von Norddorf aus in See ging, jedoch bei Hörnum in einer Grundsee kenterte (siehe S 139).

Strandungsfälle auf Amrum

Am Anfang der Amrumer Strandungsfälle steht das Unglück eines hiesigen Schmackschiffers, des Pay Mellefs von Föhr. Mit etwa 120 heimkehrenden Walfängern und Seefahrern an Bord, kenterte das von Holland kommende Schiff am 10. September 1744 in einer Sturmbö unweit des Kniepsandes und alle Insassen fanden angesichts ihrer Heimat den Tod. In den nachfolgenden Tagen trieben zahlreiche Leichname an, und von den Inseln und Halligen kamen die Angehörigen, um ihre Toten zu suchen. 64 der Ertrunkenen stammten von

Föhr, reichlich 20 von Amrum, einige von Sylt und die übrigen von den Halligen.

Zahlreiche Strandungsfälle jener Zeit sind aber nicht zu Protokoll genommen, vor allem, wenn die Schiffe wieder vom Strande abgebracht werden konnten. Amrum unterstand ja dem dänischen Strandrecht und der König ließ die Schiffbrüchigen ungeschoren, forderte ihnen also kein Drittelanteil vom Wert des Schiffes und der Ladung ab. Erst gegen Ende des 18. Jahrhunderts wurde auch auf Amrum die schleswig-holsteinische Strandordnung eingeführt und von dieser Zeit an sind die Strandungsfälle durch die damit verbundenen Protokollarien aktenkundig geworden. Auch die Pastoren der Familie Mechlenburg begannen seinerzeit in tagebuchähnlichen Aufzeichnungen Strandungsfälle zu notieren.

Ein besonders aufschlußreiches Dokument über Ablauf und Rechtsfragen in Zusammenhang mit Strandungsfällen vermittelt ein umfangreiches Aktenpaket aus dem Landesarchiv Schleswig über die Strandung der schwedischen Galeasse »Concordia«, Kapitän Jens Sandström. Das Schiff lief am 7. Dezember 1796 bei Kniepsand auf Grund. Schiff und Ladung befanden sich zunächst nicht in unmittelbarer Gefahr, dennoch entschloß sich der Kapitän, die Ladung an Land bringen zu lassen – vermutlich in der Hoffnung, das festgeratene Schiff wieder flott machen und die Ladung wieder an Bord nehmen zu können. Es kam aber ganz anders als gedacht. Der zuständige Hebungsbeamte der Birkvogtei griff ein, erklärte den Vorfall zur »Strandungssache« und ließ Schiff und Ladung gegen den Protest des unglücklichen Kapitänes nach dem rücksichtslosen schleswig-holsteinischen Strandgesetz auf öffentlicher Auktion verkaufen. Vom Verkaufserlös wurde wie üblich ein Drittel der Rentekammer des Landesherren, ein Drittel den Bergern (Strandvögten und Amrumer Fuhrleuten) und das letzte Drittel dem Schiffer bzw. den Eigentümern der Ladung zugesprochen. Kapitän Sandström blieb in Wyk auf Föhr wohnen und versuchte, unterstützt von einem hiesigen Agenten, mit zahlreichen Eingaben an das Obergericht in Schleswig und an den König von Dänemark dieses Verfahren rückgängig zu machen. Dabei ging es vor allem um die Frage, ob es sich um einen tatsächlichen Strandungsfall oder nur um einen Bergungsfall handele, ferner, ob nach den »hochpreislichen, milden dänischen Gesetzen« oder nach dem schleswig-holsteinischen Recht zu urteilen sei. Erst am 21. Dezember des Jahres 1802, sechs Jahre nach der Strandung, entschied der

König, daß »der Fall nicht als ein Strandungsfall zu erachten . . .« Die Rentekammer mußte das einbehaltene Drittel zurückzahlen, doch Jens Sandström erlebte dieses Urteil nicht mehr. Er war schon am 19. Januar 1799, in Schweden eine Witwe und drei Kinder hinterlassend, in Wyk gestorben und dort begraben.

Im Jahre 1803 war die bereits beschriebene neue Strandordnung von Christian VII. verkündet worden, die zu einer wesentlichen Humanisierung des Strandrechtes führte, den Schiffbrüchigen nun alle Rechte beließ und die Befugnisse der Strandbeamten, Strandvögte und Berger erheblich einschränkte. Letztere durften jetzt nur noch auf Bitte des Kapitänes eingreifen. Ein Beispiel dieser neuen Gesetzgebung liefert die Strandung der englischen Brigg »Emulous« am 14. November 1816 auf dem Kniepsand. Das umfangreiche Protokoll dieses Falles hat der seinerzeitige Küster und Lehrer Paul Feddersen verfaßt, der zum Assistenten des auf Föhr wohnenden Birkvogtes bestellt war und eine Art Oberaufsicht über die Amrumer Strandvögte, nach dem Beispiel des Sylter Strandinspektors, ausübte.

Nachdem zunächst drei Knaben, dann auch die Mannschaft geborgen und in Nebel versorgt und einquartiert worden war, begann auf Ersuchen des Kapitänes Watson die Bergung der Ladung aus dem leckgeschlagenen Schiff. Alle Strandvögte, Bootsführer und Besitzer von Pferdefuhrwerken wurden aufgeboten, um die aus Weinfässern, Baumwolle, Zucker, Kaffee, Walfischbarten, Elefantenzähnen und anderem bestehende Ladung zu bergen. Bis zum 27. November konnte gearbeitet werden, dann war soviel Sand und Wasser im Laderaum, daß die Bergung weiterer Gegenstände aufgegeben werden mußte. Der Wert der geborgenen Ladung wurde auf rund 200000 Schleswig-Holsteinische Courantmark geschätzt. Dafür zahlten die »Ladungs-Interessenten« nach vertraglicher Abmachung als Bergelohn 51000 Courantmark.

Leider hatte dieser Strandungsfall ein Nachspiel, das dazu angetan war, Berichte über »Strandräuberei« zu bestätigen. Kapitän Watson erkannte nämlich anhand des Ladungsmanifestes, daß ein Teil der geborgenen Waren vor der Auktion verschwunden war. Eine strenge Untersuchung ergab, daß einige der englischen Schiffsleute und eine Anzahl der Amrumer Berger die fraglichen Waren unterschlagen und auf eigene Rechnung verkauft hatten. Die ermittelten Täter, Steuermann und Bootsmann der Brigg »Emulous« und nicht weniger als 27 Amrumer, erhielten Strafen von »einmal 5« bis »viermal 5 Tage Ge-

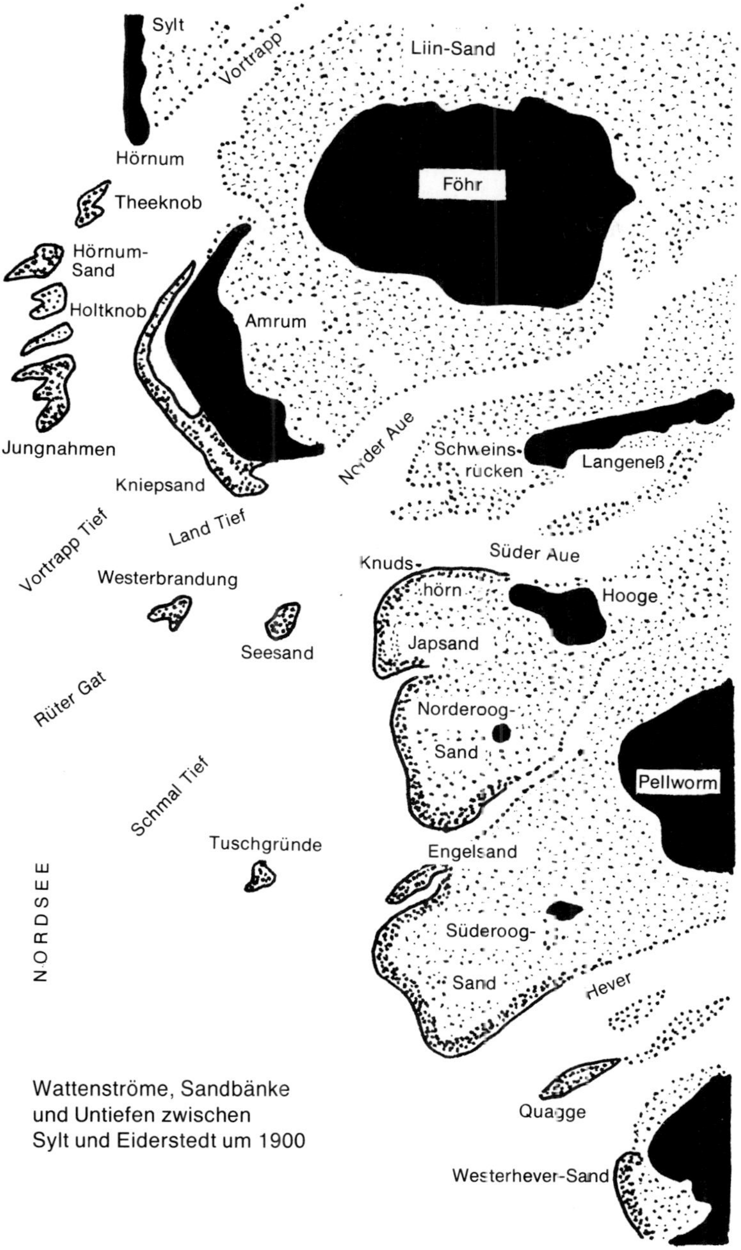

Wattenströme, Sandbänke
und Untiefen zwischen
Sylt und Eiderstedt um 1900

fängnis bei Wasser und Brot«. Außerdem verfiel der den ungetreuen Bergern ausgezahlte Bergelohn an die Staatskasse. Aus einem erläuterndem Gutachten zum Urteil geht hervor, daß nur die »große Menge der Deliquenten . . ., ihre große Not und die Verarmung ihrer Familien . . ., sowie die Rücklieferung der meisten entwendeten Güter oder deren Ersatz . . .« zu der Obergerichtlichen Erkenntnis geführt hat, von einer an sich verwirkten »Karren- und Zuchthausstrafe abzusehen.«

Schiff auf Schiff strandete in jener Zeit, als nach Beendigung des dänisch-englischen Krieges im Jahre 1814 die Handelsseefahrt wieder aufblühte, am Amrumer Kniepsand oder auf den seewärts vorgelagerten Sandbänken, wo eigens ein Sandvogt, der schon genannte Volkert Quedens, die Aufsicht und Bergung ausübte. Aber auch die noch unbewohnte Sylter Südspitze Hörnum gehörte wegen der Nähe und der besseren Beobachtung hinsichtlich des »Strandsegens« mehr den Amrumern als den Syltern. Die Rettung von Schiffbrüchigen und vor allem die Bergung der Ladung (weil für die Rettung von Menschenleben nichts bezahlt wurde) war oft schon geschehen, ehe man auf Sylt die Strandung gewahrte. So geschah es beispielsweise im Januar 1839, als eine Bremer Brigg mit Tabak beladen bei Hörnum auf den Strand geriet. Das Schiff war schon fast von den Amrumern entladen, als man von Morsum aus mit einem Spektiv das lebhafte Hin und Her der Amrumer Schiffe entdeckte. Landvogt, Strandinspektor und der zuständige Rantumer Strandvogt eilten unverzüglich zur Strandungsstelle, konnten aber gegen die Übermacht der Amrumer nichts ausrichten. Daraufhin wurde in den Sylter Dörfern »Alle Mann« gerufen und rund 200 Männer stürmten nach Hörnum, um die Amrumer zu vertreiben. Noch heute gibt es eine latente Wut von Syltern auf die Amrumer, wenn die Sprache auf Hörnum und die dort geschehenen Strandungsfälle kommt.

Das Amrumer Strand-Legat

Von besonderer Bedeutung in der Reihe der Amrumer Strandungsfälle ist die Havarie des Hamburger Schiffes »Juno«, das mit einer Weizenladung für Porto bestimmt, nach einem schweren Sturm im Jahre 1820 von Amrumer Bergern in die Hafenbucht von Steenodde eingeschleppt wurde. Bald darauf reiste der Birkvogt Nielsen nach

Amrum und machte den Insulanern den Vorschlag, von dem zu erwartenden Bergelohn, wie auch vom Bergelohn zukünftiger Strandungsfälle 5 % des Reinertrages an die Kasse der St. Clemens-Gemeinde zum Wohle der ganzen Insel abzutreten. 61 Männer aus den drei Inseldörfern stimmten dieser Anregung zu und gründeten damit das »Strand-Legat«. Hier also hatte das angeblich noch im 18. Jahrhundert in den Inselkirchen gesprochene Gebet »Gott segne unseren Strand« eine praktische Grundlage gefunden! Es wäre aber falsch, das »Strand-Legat«, das seine Einnahmen aus Schiffsunglücken erwartete, der Kirche allein anzulasten. Vielmehr waren Kirche und politische Gemeinde identisch. Und oberster Beamter auf der »sonst von Beamten entblößten Insel« war der Pastor. So ist es erklärlich, daß sowohl Pastor Christian Riese Mechlenburg als auch der Küster Paul Feddersen im Vorstand des Legates zu finden sind.

Die Prozente aus dem Bergungserlös des Schiffes »Juno« betrugen 292 Courantmark, die für Reparaturen der Kirche verwendet wurden. Im übrigen sollten die Einnahmen des Legates dazu verwendet werden, die Kosten für das Kirchen-, Schul- und Armenwesen, für Steuern und andere Gemeindeangelegenheiten zu tragen. Hingegen durften Hinterbliebene von verunglückten Bergern nur in Ausnahmefällen eine Unterstützung aus dem Legat erwarten.

Nach der Gründung des Legates mußten die Amrumer allerdings vier Jahre warten, ehe es wieder einen Strandungsfall mit Bergungserlös gab. Dies geschah am 2. Dezember 1824, als auf Kniepsand das Schiff »Maria«, mit Wein, Südfrüchten und Quecksilber von Cadiv nach Hamburg bestimmt, strandete. Der Bergelohn betrug 15000 Courantmark. Am 26. Dezember desselben Jahres strandete südlich von Amrum die Brigg »Herkules«, beladen mit Stückgütern für Mexiko. Hier wurde ein Bergelohn von fast 37200 CM. erzielt. Und als nur zwei Tage später an der gleichen Stelle die englische Brigg »The Vine«, mit Manufacturwaren von Hull nach Hamburg unterwegs, strandete und wiederum ein Bergelohn von knapp 37000 CM. fällig war, erhielt das Strand-Legat allein aus diesen drei Strandungsfällen die Summe von 4454,– CM. Im Laufe des 19. Jahrhunderts wurden dann noch rund 50 Strandungen verzeichnet, die Bergungserlöse für das Legat erbrachten. Doch lag die Zahl der bei Amrum gestrandeten Schiffe erheblich höher, nämlich bei etwa 150 in dem genannten Zeitraum. Nur wurden hier keine Bergungsprämien fällig, weil es sich um Totalverluste handelte, oder um Schiffe, die aus eigener Kraft wieder flott kamen. Dies galt besonders in den letzten Jahrzehnten des vorigen Jahrhunderts für Dampfer, die sich mit ihren Schrauben vom Sande arbeiten konnten. Darüber hinaus wurde die Zahlung der 5 Prozent wegen Streitigkeiten in den Jahren von 1836 bis 1863 eingestellt, so daß die in dieser Zeit gestrandeten Schiffe in den Legatunterlagen nicht aufgeführt sind.

Ein erneuter Streit im Jahre 1899 bedeutete dann das Ende dieser eigenartigen und einzigartigen Einrichtung. Vorher, am 4. Juli 1897 war auf Knudshörn der deutsche Dampfer »Stettin« gestrandet und vom Strandvogt Volkert Quedens wieder abgebracht worden. Der Bergelohn betrug 17000 Mark, mithin nach bisherigen Regeln für das Legat 850 Mark. Der Berger wies jedoch den Anspruch mit dem Hinweis zurück, daß in den letzten Jahren immer häufiger fremde Bergungsunternehmen bei Strandungsfällen eingriffen und nicht zur Abgabe an das Legat herangezogen werden konnten. Die Angelegenheit ging nach Flensburg zu Gericht und hier bekam der Berger Volkert Quedens Recht. Hauptentscheidungsgrund des Gerichtes war, daß eine im Jahre 1820 von den damaligen Einwohnern der Insel Amrum eingegangene Verpflichtung nur für die seinerzeitigen Unterzeichner, nicht aber für künftige Generationen bindend sei. In der Kasse des Legates befanden sich noch 21860 Mark, die dann aber, ohne noch jemandem Gutes zu tun, durch die Inflation im Jahre 1923 entwertet wurden.

Bergertod – Bergerlohn

Schiffsbergungen waren nicht ungefährlich, sie verlangten ein hohes seemännisches Können. Weil mit Bergungsprämien viel Geld zu verdienen war – mehr als mit anderen Erwerbsquellen jener Zeit – wagten sich die Insulaner mit ihren kleinen Segel- und Ruderbooten oft bei noch stürmischer See hinaus zu gestrandeten Schiffen. So verunglückte im Jahre 1843 der Schiffer Knudt Knudtsen bei einem Bergungsversuch im Rütergat. Die Witwe mit ihren 5 Kindern erhielt aus dem Strand-Legat nach einem Bittgesuch jedoch lediglich zwei Jahresraten von 25 Courantmark.

Aber noch viel härter wurden Inselfamilien im Jahre 1863 betroffen. Am 9. Dezember strandete auf Hörnum-Sand ein Schiff, offenbar ohne Besatzung. Ein herrenloses Schiff aber war hinsichtlich der

Bergungsprämie besonders lukrativ, und draußen auf den Sänden war jener Herr des Schiffes, der es zuerst betrat. Der Sturm war etwas abgeflaut, aber die See ging noch hoch. Da löste sich von der im Schutze des Kniephafens vor Anker liegenden Amrumer Austernflotte ein Boot mit 4 Mann und ruderte dem Strandungsort entgegen. Unmittelbar darauf kam ein weiteres Boot, mit 5 Mann besetzt, in Bewegung. Doch beide Boote kamen nicht weit. Kurz nacheinander schlugen sie in der Strandbrandung um und alle Neun ertranken! An eine Rettung war nicht zu denken. Andere Boote, die sich ebenfalls anschickten, den Bergungswettlauf zu wagen, kehrten schleunigst um. Schnell wie der Wind verbreitete sich die Nachricht dieses Unglücks über die Inseldörfer, doch dauerte es Stunden, bis die Namen der Ertrunkenen ermittelt waren. 21 Kinder warteten mit ihren Müttern vergeblich auf die Heimkehr der Väter.

Bei dem gestrandeten Schiff handelte es sich um die mecklenburgische Brigg »Horus«. Als man tags darauf zur Strandungsstelle gelangte, befand sich nur noch ein Hund an Bord. Später kam die Kunde, daß die Besatzung vor Norwegen das sich in Gefahr befindliche Schiff verlassen hatte und gerettet war. Durch Spendenaufrufe und Unterstützung der »Horus«-Reederei wurde eine bedeutende Geldsumme für die Betroffenen zur Verfügung gestellt. Das Komitee zögerte jedoch mit der vollständigen Auszahlung, sondern stellte jeder Witwe nur jährlich 60 Mark und den Kindern täglich einen Groschen zur Verfügung.

Ein besonderer Spezialist im Bergen gestrandeter Schiffe war der in Süddorf wohnende Strandvogt und Kapitän Volkert Martin Quedens, dessen Vater und Großvater schon als Strand- und Sandvögte amtierten. In Zusammenarbeit mit einer Handvoll von anderen Amrumern barg Volkert Quedens, oft nur unter Einsatz seiner seemännischen Erfahrung, allerdings auch unter gehörigem Gebrauch seiner Ellenbogen und sogar der Faust, zahlreiche Schiffe, nicht nur von Amrumer Sänden und Stränden, sondern auch von den Sandbänken des Halligmeeres, ja sogar vom Sylter Strand, wohin man ihn rief. Bei diesen Unternehmungen wurde er ein reicher Mann und gründete mit einem Teil seines Vermögens im Jahre 1890 das Seebad Wittdün.

Aus der Vielzahl der Bergungsaktionen seien nur einige in Stichworten genannt: Am 22. Februar 1871 strandete am Hörn die Bremer Bark »Maria«, irregeleitet durch die traditionellen Biakefeuer auf den Inseln. Das Schiff konnte von Volkert Quedens geborgen werden.

Im Landtief vor Amrum gestrandet und verlorengegangen – der österreichische Schoner »Istro«

Kieloben trieb die »Hermina« Anfang 1924 zunächst auf Hörnum, dann auf Amrum an. Im Schiffsrumpf wurden zwei Tote entdeckt

Bergelohn 2000 Mark. – Am 2. Januar 1873 strandete die englische Brigg »Nicolaus Smirk«, mit Steinkohle für Itzehoe bestimmt. Volkert Quedens und Genossen bargen das Schiff und kassierten 18 000 Mark. – Am 26. Dezember 1880 lief der Hamburger Schoner »Ino« mit Kaffee von Angostara nach Hamburg bestimmt, auf Grund. Volkert Quedens brachte das Schiff vom Sande und erhielt eine Bergungsprämie von 14 000 Mark.

Doch um die Jahrhundertwende erhielten die Amrumer eine immer stärker werdende Konkurrenz von Hamburger Bergungsgesellschaften, die mit Schleppern und sonstigen Geräten auf der Lauer lagen, und von ihren hiesigen Agenten alarmiert, rasch an der Strandungsstelle erschienen. Typisch für diese Entwicklung, die wenig später das Ende der Amrumer Bergertätigkeit einleitete, war die Strandung des spanischen Frachtdampfers »Busturias« am 20. Januar 1901 auf dem Kniepsand bei Norddorf. Mit einem kleinen Schleppdampfer einer Kieler Firma fuhr Volkert Quedens zum Strandungsort und legte mit Einwilligung des Kapitänes Diago zwei schwere Anker aus. Bei anhaltend kräftigem Sturm brachen jedoch in der Nacht beide Ankerketten, so daß die »Busturias« noch höher auf die Sandbank herauftrieb. Anderntags reisten Volkert Quedens und Kapitän Diago nach Wyk, um bei dem Konsul Heymann einen festen Bergungsvertrag abzuschließen. Sie wurden jedoch vom Inspektor Hein des Seeschleppers »Reiher« verfolgt und gerieten im Hause des Konsules in eine Auseinandersetzung. Inspektor Hein bestritt, daß Volkert Quedens mit den ihm verfügbaren Mitteln den Dampfer vom Sande bringen könne, was dieser, unterstützt von Heymann, zurückwies. Schließlich einigte man sich auf ein gemeinsames Unternehmen und brachte dann auch vier Wochen später die »Busturias« wieder in Flottwasser. Die Versicherung zahlte 126 000 Mark an Bergelohn.

Aber der Amrumer Strand und die gefährlichen, vorgelagerten Sandbänke, waren nicht nur ein Tummelfeld für seetüchtige Glücksritter, sondern auch immer wieder Schauplatz von Tragödien, die Schiffbrüchige betrafen. Zwar hatte die »Deutsche Gesellschaft zur Rettung Schiffbrüchiger« seit 1866 die Amrumer Küste mit Rettungsstationen gesichert, und sehr oft gelang es, den Gestrandeten das Leben zu retten. Doch manches Mal kam die Hilfe zu spät, so auch, als am 24. November 1903 die schwedische Bark »Ilma« auf eine vor dem südlichen Kniepsand liegende Sandbank festgeriet. Am nächsten Morgen wurde der Unglücksfall entdeckt und sofort ging von Wittdün aus das Ruderrettungsboot in See. Man fand aber keine Menschen mehr an Bord. Im Laufe des Tages fielen die Masten und zuletzt brach das Schiff in der Brandung völlig auseinander. Wenig später trieb dann eine Leiche an, und als es bald darauf Ostwind und tiefe Ebbe gab, wurden 6 weitere Leichen nahe dem Wrack gefunden. Vermutlich hat die Besatzung nach der Strandung im Schiffsboot die Bark verlassen und ist in der Brandung gekentert. Schließlich warfen die Wellen noch 2 Leichen auf den Strand – sie wurden zusammen mit den anderen 7 in der Nordwestecke des Nebeler Friedhofes begraben.

Gestrandet auf Süderoogsand und Eiderstedt

Neben Sylt und Amrum waren an nordfriesischen Ufern der Süderoog-Sand und die Westküste der Halbinsel Eiderstedt weitere Gefahrenbereiche mit einer Vielzahl von Strandungen. Eine Liste über Strandungsfälle auf dem Süderoog-Sand und vor der Hever, beginnend mit dem Jahre 1804, nennt bis zum Ausbruch des 1. Weltkrieges, also solange Segelschiffe dominierten, rund 50 verunglückte Schiffe. Nachstehende Auszüge vermitteln einiges von der Dramatik und Tragik, die sich während des genannten Zeitraumes auf der riesigen, abgelegenen Sandbank ereignete:

»Am 25. Dezember Anno 1811 strandete Daniel Breiser von Schweden mit einer Holzladung. Fünf Mann kamen glücklich nach Süderoog, drei Mann erfroren auf dem Sande.

Im Sommer 1812 strandete ein Sonderburger Schiff, wobei 10 Mann ertranken. 2 Mann gelangten im Schiffsboot nach Süderoog.

Im Jahre 1834 strandete ein Schiff von Fanö, mit Holz von England beladen, auf Süderoog-Sand. Die Mannschaft ertrank. Der Kapitän und dessen Bruder wurden auf Süderoog begraben.

Am 21. Oktober 1845 strandete die Brigg »Hermine« aus Rostock mit Holz, Kapitän Jacob Müller. Die Mannschaft, 10 Mann, wurde geborgen.

Am 26. August 1856 strandete eine holländische Kuff mit Ballast. Die Besatzung, 4 Männer und 2 Frauen, konnten nach Süderoog gerettet werden.

Am 17. Oktober 1860 strandete am Sand eine englische Brigg mit einer Ladung Steinkohlen. Die Mannschaft ertrank. Der Kapitän und 3 von seinen Leuten lagen am anderen Tag auf dem Sand.

Im Dezember 1863 strandete die holländische Kuff »Maria Catarina«, von Norwegen mit Holz unterwegs. Der Kapitän hieß Dirk Kramer. Der Steuermann Jacob L. de Fries war ein Sohn des im Sommer 1842 hier gestrandeten und ertrunkenen Kapitänes von Ameland.

Im April 1868 strandete auf dem äußeren Quaggengrund das englische Vollschiff »Elisabeth Catarine«, von Lima mit Guano und Baumwolle nach Hamburg bestimmt. Es wurden viele Sachen geborgen und im Sommer war auf Süderoog eine große Auktion.

Am 2. Dezember des Jahres 1870 strandete eine ganz neue eiserne spanische Bark. Wegen des Eises konnte die Mannschaft erst reichlich drei Wochen später, am 26. Dezember, nach Süderoog geborgen werden. 10 Wochen lang mußten die Spanier, unter ihnen der Kapitän Solferino Prieto auf Süderoog bleiben, ehe das Eis aufbrach und die Abreise erfolgen konnte. Das Kostgeld für die Mannschaft betrug 1250 Mark. Das holzgeschnitzte Heckmotiv der »Ulpiano« befindet sich noch heute über dem Türbogen des einzigen Hauses auf Süderoog.

Am 22. November 1900 strandete gegen Mitternacht der norwegische Dampfer »Kong Trygve« von Christiania unter Kapitän Dahl, nach Hamburg bestimmt. Nach 8 Tagen wurden der Dampfer in Zusammenarbeit zwischen dem Amrumer Strandvogt Volkert Quedens und einem Hamburger Bergungsschlepper wieder flott.

Am 18. Mai 1911 lief der Flensburger Motorschoner »Ida« bei Engelssand auf Grund und geriet durch die Petroleumlampe in Brand. Nur mit größter Mühe konnten Kapitän nebst Frau und Kind ihr Leben retten. Sie wurden mit den übrigen Besatzungsmitgliedern nach Helgoland gebracht.«

Die verhältnismäßig hohe Zahl von Ertrunkenen und Erfrorenen macht deutlich, welche Gefahren sich mit einer Strandung auf dem abgelegenen Süderoog-Sand verbanden. Die nächste bewohnte Hallig, Süderoog, war von der Westseite des Sandes rund 10 km entfernt, eine ständige Sichtverbindung nur tagsüber und bei klarem Wetter, eine Verkehrsverbindung mit Pferdefuhrwerk nur bei Ebbe möglich. Nach dem Vorbild der großen Seesand-Bake, westlich von Amrum im Jahre 1800 durch die dänische Regierung errichtet und auf halber Höhe mit einem Notraum für Schiffbrüchige versehen, erhielt auch der Süderoog-Sand im Jahre 1867 durch den neuen preußischen Staat ein ähnliches Gebilde. Es handelte sich um ein 24 m hohes Balkengerüst mit kugelförmigen Topzeichen als Sichtmarkierung. In ihrer

Mitte trugen die schwarzgeteerten Ständer den Notraum. Ein Sturm wehte die Bake im Frühjahr 1891 um, sie wurde jedoch unverzüglich 2 km weiter südlich neu aufgebaut und erhielt wieder eine Unterkunft, versehen mit Schlafkojen, Lebensmitteln und Notsignalen – so wie sie heute noch besteht. Das Topzeichen wurde allerdings 1940 abgebaut und durch ein Quermarkenfeuer ersetzt.

An der Westküste von Eiderstedt sind die Sände vor St. Peter-Ording und Westerhever Jahrhundert um Jahrhundert zahlreichen Schiffen zum Verhängnis geworden, wobei sich in älterer Zeit ähnliche Szenen ereigneten, wie von Sylt und Amrum beschrieben. Auch hier in Eiderstedt stand die »Strandräuberei« in Blüte. Als nämlich 1824 die englische Brigg »Elisabeth«, Kapitän Thompson, strandete, mußte die Obrigkeit »wegen der verübten Räubereien und Gewalttaten« energisch eingreifen.

Strandungsfälle in jüngster Zeit

In den letzten Jahrzehnten des 19. Jahrhunderts erscheinen in den Strandungslisten immer häufiger Dampfer, meistens jedoch mit dem Vermerk »abgebracht«, also wieder flott geworden. Vor allem sind es deutsche und englische Dampfer, oft Fischdampfer, die auf den der Insel Amrum vorgelagerten Sandbänken auflaufen, während sie sich von der Sylter Küste offenbar besser freihalten können. Die Zahl der Strandungsfälle bleibt unverändert erstaunlich hoch, obwohl sich nach dem Bau des Nord-Ostsee-Kanales im Jahre 1895 ein bisheriger Seeweg entlang der nordfriesischen Inseln dorthin verlagerte. Auch hat sich der Bau der Leuchttürme (1855 Rote Kliff, Kampen – 1856 die Ellenbogenfeuer, List – 1875 Amrumer Leuchtturm – 1906 Hörnum, Pellworm und Westerhever) sowie der Ausbau des Seezeichenwesens im nordfriesischen Küstenraum anfangs nicht durch eine merkliche Reduzierung der Schiffsunfälle ausgewirkt. Noch immer erweisen sich die Naturgewalten der menschlichen Technik, der Maschinenkraft überlegen. Auch fehlen noch die modernen Navigationsmittel der Gegenwart. Im Jahre 1912 wurden beispielsweise bei Amrum noch 4, im Jahre 1919 gar 6 und 1929 im gesamten nordfriesischen Küstenbereich ebenfalls noch 6 Strandungs- und Havariefälle registriert. Erst in den 1930er Jahren ging die Zahl der Strandungsfälle erheblich zurück, und nach dem 2. Weltkrieg sind nur noch Einzelfälle – abgese-

Die westlich von Amrum liegende Sandbank Jungnamen gab den hier 1922 gestrandeten Fischdampfer »Ottensen« nicht wieder frei

Auch die 1929 bei Norddorf gestrandete »Helene« wurde nicht wieder flott und mußte abgewrackt werden.

hen von Havarien kleinerer Küstenschiffe (Kümos, Fischkutter, Sportboote) vorgekommen, darunter allerdings noch einige spektakuläre Fälle mit Totalverlust oder aufwendigen Bergungsaktionen.

Zu diesen Fällen gehört die Strandung des Motorschoners »Hermina« im November 1923. Kieloben trieb der Rumpf dieses Schiffes zunächst auf Hörnum an, kam dann durch einen Sturm im Februar 1924 erneut in Bewegung und strandete auf dem südlichen Kniepsand, westlich von Wittdün. Versuche des Strandvogtes Carl Quedens, das gekenterte Schiff mit Hilfe eines Schleppers wieder flott zu machen, schlugen fehl. Erst ein orkanartiger Sturm Weihnachten 1925 ermöglichte es, den von Sturmflut zu Sturmflut über den ganzen Kniepsand hinwegverankerten Rumpf in das Fahrwasser zu bugsieren. Es gelang aber nicht, den Rumpf zu wenden, so daß er in gekentertem Zustand nach Hamburg geschleppt und dort mit zwei Krähnen umgedreht werden mußte. In Wesermünde wurde das Schiff repariert und fuhr dann noch wieder als Dreimastschoner unter dem Namen »Niedersachsen«. Auf Amrum aber hieß es »Totenschiff«, weil der Strandvogt Quedens, nachdem er unter den Rumpf in das Innere gelangt war, zwei völlig skelettierte Leichen, an denen nur noch Kleiderfetzen hingen, zutage förderte.

Hingegen gelang es nicht, den am 30. Dezember 1929 auf dem Kniepsand vor Norddorf gestrandeten Kieler Dampfer »Helene« wieder zu Wasser zu bringen. Nach monatelangen Baggerversuchen wurde er abgewrackt, aber ein Reststück ist immer noch nahe dem Badestrand sichtbar. Knapp ein Jahr später, in der Nacht vom 19. zum 20. November, ging draußen vor Norddorf der Motorsegler »Strahlsund« unter, nachdem das Schiff noch vorher Notsignale gezeigt hatte. Von der 13köpfigen Besatzung überlebte niemand das Unglück. Es trieb jedoch nur die Leiche eines jungen Mannes auf Amrum an, sie wurde am folgenden Sonntag im Anschluß an den Gottesdienst mit kirchlichen Ehren beigesetzt, nach der Identifizierung jedoch wieder ausgegraben und in die Heimatstadt Apenrade überführt.

Auf Sylt gehört die Strandung des französischen Dampfers »Adrar« am 20. Oktober 1935 zu den bedeutendsten Ereignissen in jüngerer Zeit. Der 5872 BRT große Dampfer war mit Stückgut von Hamburg nach Afrika unterwegs, als ein Orkan zwischen Helgoland und Borkum das Schiff überfiel, das Hauptruder brach und einen Maschinenschaden verursachte. Steuerlos trieb die »Adrar« nach Norden, vergeblich verfolgt von Bergungsschleppern. Schließlich strandete der

1919 strandete der Heringslogger »Dietrich« vor Westerland und ging total verloren

Nach fast einjähriger Bergungsarbeit wurde der im Oktober 1935 bei Kampen gestrandete französische Dampfer »Adrar« wieder flott

große Dampfer gegen 2 Uhr nachts an der Buhne 31 vor Kampen, und begann, Notsignale abzufeuern. Gegen 6 Uhr morgens war die Rettungsmannschaft mit dem Raketenapparat zur Stelle und holte einen Teil der Mannschaft mit der Hosenboje von Bord. Trotz der gewaltigen Brandungsschauer, die über den Dampfer prasselten, bestand keine eigentliche Gefahr, so daß der Rest der Besatzung an Bord blieb.

Nachdem zwischen der Reederei und der Bergungsfirma Bugsier ein Vertrag aufgesetzt war, wurden entsprechende Maßnahmen eingeleitet. Die »Adrar« saß jedoch so hoch auf dem Sylter Strand, daß sie zunächst allen Bergungsversuchen trotzte. Erst am 17. August 1936, als die Mannschaft längst abgereist und der Dampfer an die Bugsier verkauft war, gelang es, den Dampfer über eine ausgebaggerte Fahrrinne mit Hilfe von drei Schleppern in tieferes Wasser und nach Hamburg zu befördern.

Ein tragisches Unglück, das in ganz Europa Aufsehen erregte und 16 schwedischen Studenten das Leben kostete, ereignete sich am 22. Juni 1950. Mit einem original nachgebauten Wikingerboot wollten die Genannten nach England und Frankreich, gerieten jedoch nahe Helgoland in einen Sturm, der das Boot in mehrere Teile zerschlug. Alle ertranken. Teile des Wikingerschiffes »Ormen Friske« trieben in den folgenden Tagen auf Hörnum, Amrum und Pellworm an. Jahre später gab das Meer auch einige der Toten, vielmehr deren Reste her, die auf Heimatlosenfriedhöfen begraben wurden.

Am 31. Juli 1964 forderten nach vorausgegangenem Sturm die Sände und Untiefen vor Amrum wieder einmal ein Opfer. Im Neuschmaltief, noch eben in Sichtweite der Insel, lief in den Abendstunden des genannten Tages der unter libanesischer Flagge fahrende 7081 BRT große Erzfrachter »Pella« bei Hochwasser auf Grund. Am nächsten Tag traf der Seeschlepper »Atlas« an der Strandungsstelle ein, ebenso das Rettungsboot »Bremen« der Station Amrum, später auch die »Hindenburg« der Station List-Sylt. Der griechische Kapitän des gestrandeten Frachters lehnte jedoch jegliche Hilfe, sowohl des Schleppers, als auch der Rettungsboote ab, vermutlich in der irrigen Meinung, aus eigener Kraft wieder aus Mahlsand und Brandung herauszukommen. Die Rettungsboote blieben aber in Lee des Frachters vor Anker liegen, und schon am nächsten Morgen trat das Befürchtete ein: das an Bug und Heck unterspülte Schiff brach in der Mitte auseinander, und nun rief die »Pella« SOS! In hochgehender See arbeitete sich die »Bremen« längseits und rettete die 25köpfige Besatzung von

Ein Wrackstück des Wikingerschiffes »Ormen Friske« auf der Warf Schütting, Pellworm

1974 strandete der Erzfrachter »Pella« westlich von Amrum und zerbrach in der Schiffsmitte. Die Besatzung wurde gerettet

Bord. Die Tatsache, daß der nach Bremen bestimmte Frachter bei mäßigem Sturm fast 80 Seemeilen vom Kurs abgewichen war und der Kapitän die Schlepperhilfe, als sie noch möglich schien, abgelehnt hatte, gab zu Vermutungen Anlaß, daß hier ein Versicherungsschwindel konstruiert wurde.

Ein eigenartiger, fast kurioser Strandungsfall ereignete sich am 15. Januar 1968, als sowohl die Autofähre »Pidder Lyng« der Wyker Dampfschiffs-Reederei als auch das Amrumer Rettungsboot »Ruhr-Stahl« auf dem Deich von Dagebüll strandeten. Hierzu stellte in aller Kürze der Spruch des Seeamtes Flensburg folgendes fest: Am 15. 1. 1968 gegen 17.10 Uhr strandeten bei schwerem Sturm mit Orkanböen und Eispressungen das deutsche Fährschiff »Pidder Lyng« und der vorher durch Funkspruch angeforderte deutsche Rettungskreuzer »Ruhr-Stahl« an der Landemole Dagebüll. Die Strandungen sind auf folgende Umstände zurückzuführen: Nach dem Ablegen gelang es nicht, das Fährschiff auf Auslaufkurs zu bringen, wahrscheinlich infolge Beschädigung der Schrauben und Ruderblätter durch Eis. Das Schiff trieb manövrierunfähig gegen den Deich. Ein Abschleppversuch durch den Rettungskreuzer scheiterte daran, daß diesem die Schlepptrosse während des Ausbringens bei starkem Überholen in die Schrauben geriet. Dadurch wurde auch dieser manövrierunfähig und trieb auf den Deich. Die Schiffsführung des Rettungskreuzers trifft keine Schuld an dem Unfall. Ein Verschulden der Schiffsführung der »Pidder Lyng« ist nicht festzustellen.

Drei Wochen nach der Strandung hob ein Schwimmkran der Hamburger Bergungsfirma Ulrich Harms beide Schiffe, zuerst das kleine Rettungsboot, dann auch die große Autofähre wieder zu Wasser.

Schwimmkräne der genannten Firma waren auch zur Stelle, als am 18. November 1969 auf dem Kniepsand von Amrum, gegenüber dem Quermarkenfeuer am Hörn, das 70 m lange Mittelstück eines Frachters strandete. Das Mittelstück war in Rotterdam gebaut und sollte von zwei »Fair play«-Schleppern nach Bremerhaven befördert werden, wo Bug und Heck dazu auf der Werft lagen. Bei auffrischendem Wind, der schließlich Sturmstärken erreichte, brach jedoch westlich von Helgoland die Schlepperverbindung, und nun trieb das hochliegende Mittelstück den Schleppern davon – bis es, mit einem Mann an Bord, auf Kniepsand strandete. Die nachfolgende Sturmflut versetzte das ungenügend gesicherte Schiffsteil noch weiter hinauf, auf den höchsten Rücken der Sandbank, so daß nun eine aufwendige Ber-

Das Amrumer Rettungsboot »Ruhr-Stahl« und die Autofähre der WDR »Pidder Lyng«, gestrandet auf dem Deich von Dagebüll

Durch eine aufwendige Bergungsaktion mit Schwimmkränen und Planierraupen gelang es, das 1969 auf dem Kniepsand gestrandete »Mittelstück« eines Frachters wieder flott zu machen

gungsaktion notwendig wurde. Weil das Mittelstück bei normaler Flut fast trocken lag und Abschleppversuche der Schlepper und Schwimmkräne erfolglos blieben, mußten 7 Planierraupen in wochenlanger Arbeit eine Fahrrinne baggern. Am 1. Januar 1970 gelang es, das Mittelstück in die See zu bugsieren und nach Bremerhaven zu befördern. Die Bergungsaktion kostete etwa 1,2 Millionen DM, der Wert des Schiffsteiles lag hingegen bei 3,4 Millionen DM, so daß der Versicherung ein größerer Verlust erspart blieb. Die Bergung geschah nach der üblichen Regel »Keine Bergung – kein Geld«, also auf Risiko der Bergungsfirma.

Rettung aus Seenot

Gründung der »Deutschen Gesellschaft zur Rettung Schiffbrüchiger« im Jahre 1865

Wenn Zeitungen, Rundfunk und Fernsehen über Strandungsfälle und Schiffe in Seenot berichten, dann spielen auch die Rettungsboote der »Deutschen Gesellschaft zur Rettung Schiffbrüchiger« im Ablauf des Geschehens eine Rolle.

Die »Deutsche Gesellschaft zur Rettung Schiffbrüchiger« (DGzRS) wurde am 29. Mai 1865 in Kiel gegründet und organisierte dann von Bremen aus das Rettungswesen an den deutschen Küsten. Vorangegangen waren die langjährigen Bemühungen einiger Idealisten, zunächst des Navigationslehrers Adolf Bermpohl und des Vegesacker Advokaten C. Kuhlmay, die in Zeitungsartikeln und Aufrufen auf die Zustände an den deutschen Küsten aufmerksam machten und Rettungseinrichtungen nach englischem und skandinavischem Vorbild forderten. Anlaß waren einige dramatische Strandungsfälle in den Jahren von 1854 bis 1860 vor den Ostfriesischen Inseln, vor allem des Auswandererschiffes »Johanne«, wobei fast 80 Menschen, darunter viele Frauen und Kinder, den Tod fanden, ohne daß von der nahen Küste aus eine Rettungsmöglichkeit bestand.

Trotz vieler Anfangsschwierigkeiten und Bedenken begann die Idee eines Rettungswerkes sich durchzusetzen. Kaufleute und Bürger der Hansestädte Emden, Bremen und Hamburg errichteten aus eigener Initiative in den folgenden Jahren 12 Rettungsstationen an der Nordseeküste, und bald darauf folgten auch die Hansestädte der Ostsee, Lübeck, Rostock und Danzig, diesem Beispiel. Dr. Emminghaus aus Bremen gelang es dann schließlich, die Vielzahl der sich bildenden Vereine zu einer gemeinsamen Gesellschaft zusammenzufassen.

Für die DGzRS galt es nun, die deutsche Küste zwischen Borkum und List an der Nordsee und zwischen Flensburg und Memel an der Ostsee zu sichern. 105 Stationen, 35 an der Nordsee und 70 an der längeren Ostseeküste, entstanden im Laufe der nächsten Jahrzehnte. Bis 1890 war die letzte Lücke geschlossen. Und was seinerzeit niemand für möglich gehalten hätte, geschah in kurzer Zeit: Die Küstenbewohner und Insulaner verschlossen sich dem humanitären Anliegen –

ungeachtet ihres noch nachklingenden Rufes, »Strandräuber« zu sein – nicht und traten zahlreich als Mitglieder und Aktive in den Dienst der DGzRS. Überall gab es Männer genug für die ersten Boote und Rettungsgeräte.

Die finanziellen Mittel zum Aufbau der Stationen mit den Rettungsgeräten, wurden aus Handels- und Seefahrtskreisen und Spenden der Bevölkerung bis weit in das Binnenland des Deutschen Reiches hinein zur Verfügung gestellt. Auf dieser Grundlage beruht die Arbeit der DGzRS auch noch heute.

In der ersten Aufbauphase standen zunächst nur gewöhnliche Küstenboote zur Rettung von Schiffbrüchigen bereit. Bald darauf wurde aber ein eigener Bootstyp entwickelt, der durch eingebaute Luftkanister gegen Sinken und Kentern gesichert war. Diese Ruderrettungsboote hatten eine Rudermannschaft von sechs oder acht Mann und dem Bootsführer, dem »Vormann«, der am Heck den Steuerriemen bediente. Später erhielten sie auch einen Mast mit Segel. Je nach den Geländegegebenheiten wurden die Boote aus ihren Schuppen über ein Slip oder auf einem Kippwagen stehend, mit einem Pferdegespann zu Wasser gebracht.

Ein anderes Rettungsgerät war der Raketenapparat, der bei Strandungen an Steilküsten oder in hoher Küstenbrandung Verwendung fand. Vom Ufer aus feuerte dieses Gerät eine Rakete mit Leine zum Wrack, mit dessen Hilfe dann die stärkeren Trossen zum Hin- und Hertransport einer Hosenboje herübergeholt werden konnten.

Eben nach 1900 wurden die Ruderrettungsboote, die sich in unzähligen Rettungseinsätzen bewährt und hunderten von Seeleuten und Schiffspassagieren das Leben gerettet hatten, durch die Indienststellung der ersten Motorrettungsboote allmählich abgelöst. Die ersten Motorrettungsboote waren noch offen, hatten jedoch eine Vorrichtung zum Entleeren von überschlagendem Wasser. Unter ständiger Verbesserung der Bootsformen und Verstärkung der Maschinen trugen diese Boote das Rettungswerk bis hinein in den 2. Weltkrieg. Dann erstellten die Techniker der DGzRS eine ganz neue Konstruktion – die Turmboote, deren Prinzip noch gültig ist. Auch diese Turmboote sind nach dem Kriege ständig verbessert und vergrößert worden. 1955 wurde die »Hermann Apelt« als erstes Rettungsboot einer neuen Serie in den Dienst gestellt. Dieses Boot erhielt drei Schrauben mit einer Motorleistung von 1600 PS und einer Geschwindigkeit von 17 Knoten (etwa 32 km). Zur »Hermann Apelt« gesellten sich die Ret-

1900: Ruderrettungsboot vor dem Einsatz – nach einem Gemälde von Claus Bergen.

1992: Ein Seenotkreuzer läuft aus, um Hilfe zu bringen.

tungsboote und späteren Seenotrettungskreuzer »Theodor Heuss« (1957), »Ruhr-Stahl« (1958), »Hamburg« (1960), »H. H. Meier« (1960), »Georg Breusing« (1963), »Adolf Bermphol« (1965), »Arwed Emminghaus« (1965) und dann gleich vier Neubauten im Jahre 1969, nämlich »Otto Schülke«, »Hans Lüken«, »Günter Kuchenbecker« und »H. J. Kratschke«, Namen von Präsidenten, großherzigen Spendern, Begründern des Rettungswerkes, bedeutenden Vormännern und Rettungsmännern, die bei Einsätzen den Tod fanden.

Der bisher größte Seenotkreuzer, »John T. Essberger«, wurde 1975 konstruiert. Drei Schrauben mit insgesamt 1750 PS verleihen diesem Boot eine Geschwindigkeit von 30 Knoten. Zur Standardausrüstung dieses und der anderen Seenotkreuzer gehören ein Tochterboot in der Heckwanne, Echolot, Radar, Sichtfunkpeiler, Kreiselkompaß, Selbststeuer, Feuerlösch- und Fremdlenzanlage. Neu bei der »John T. Essberger« ist aber der Hubschrauberlandeplatz. Kleinere Rettungsboote, darunter eine Anzahl von »Strandrettungsbooten«, vervollständigen die Rettungseinrichtungen der DGzRS, die gegenwärtig an der Nord- und Ostseeküste rund 30 Stationen unterhält, ergänzt durch ein entsprechendes Netz von Beobachtungs- und Nachrichtenstationen auf dem Lande.

Der Aufbau und die Einsatzbereitschaft eines derartigen technischen Potentials haben allerdings zwangsläufig zur Folge gehabt, daß die Rettungsmannschaften nicht mehr wie früher aus Freiwilligen, sondern überwiegend aus festangestellten Männern, meist mit seemännischen Erfahrungen, bestehen.

Rettungsstationen auf Amrum

Längs der schleswig-holsteinischen Westküste wiesen Sylt und Amrum seit jeher die meisten Strandungsfälle auf. Die Rettungsstation bei Nebel auf Amrum gehörte deshalb zusammen mit den Stationen auf Wangerooge und bei Bremerhaven zu den ersten, welche die »Deutsche Gesellschaft zur Rettung Schiffbrüchiger« einrichtete. Nachdem eine Kommission der DGzRS im Juli 1866 die Insel Amrum besucht hatte, wurde am Weststrand, nahe der Satteldüne, ein Bootsschuppen gebaut und darin auf einem Wagen ein Ruderrettungsboot bereitgestellt. Das Boot konnte bei einem Einsatz über den naturgebildeten Kniephafen auch bei schwerem Sturm auslaufen und im Schutze

Signalmast mit Sturmwarnung

des Kniepsandes die offene Nordsee erreichen. In jener Zeit begann allerdings schon die umfangreiche Zusandung des Kniephafens von Süden her, so daß wenige Jahre später die Rettungsstation nordwärts verlegt werden mußte, eben unterhalb des Inselbogens »Hörn«. Bei Strandungsfällen mußten die Rettungsmänner sowohl von Nebel als auch von Norddorf aus rund 3 km zu Fuß durch Heide und Dünen marschieren, um die Station zu erreichen.

Das hier stationierte Rettungsboot hieß »Chemnitz«. Vormann war Matz Matzen aus Norddorf. Das Boot war 28 Fuß lang und mit sechs Riemen ausgerüstet. Grundsätzlich bestanden die Mannschaften aus Freiwilligen, doch wurden für regelmäßige Übungsfahrten sowie für Einsätze angemessene Summen, bei erfolgreicher Rettung von Menschenleben auch Prämien gezahlt, die von der Rettungsgesellschaft und anderen Institutionen und Persönlichkeiten ausgesetzt waren. Um die Aufmerksamkeit der Insulaner anzuregen, gab es für die Meldung eines Seenotfalles fünf Mark.

Auch die Station am Hörn hatte nur wenige Jahre Bestand. Schon 1876 mußte sie wegen der fortschreitenden Versandung des Kniephafens weiter nordwärts verlegt werden, nach »Batjesstieg«, wo ein Zie-

Die Rettungsmannschaft der Station Nord – Amrum

Das Ruderrettungsboot »Emile Robin« gleitet vom Kippwagen in die Brandung des Amrumer Kniepsandes

gelsteinbau das Rettungsboot aufnahm. Eine zusätzliche Station entstand dann noch im Jahre 1886 am Strand vor Norddorf, vom Dorf aus in wenigen Minuten erreichbar. Hier stand das neugebaute Rettungsboot »Theodor Preußer« einsatzbereit, das zunächst über einen Slipwagen, später über eine lange Ablaufbahn in den Kniephafen hinein zu Wasser gebracht werden konnte.

Die Todesfahrt der »Theodor Preußer«

Am 29. Oktober 1890 sollte das Rettungsboot »Theodor Preußer« in der Geschichte des Amrumer Rettungswesens eine tragische Rolle spielen, als es durch ein Telegramm von Westerland zu der vor Wenningstedt gestrandeten englischen Galiot »Reintjecina« gerufen wurde, deren Tragödie schon auf Seite 112 beschrieben ist.

Nach Eingang der erwähnten Nachricht rief der Vorsitzende des Ortsausschusses der DGzRS, Kapitän Julius Schmidt, sofort die Rettungsmannschaft zusammen, die nachmittags um zwei Uhr mit dem Rettungsboot der Station Nord in See ging. Der Sturm hatte sich erheblich gelegt, dennoch traf das Boot draußen auf eine hohe Brandung, die aber ohne größere Schwierigkeiten überwunden wurde. Nach etwa zwei Stunden gelangte man bis unter Hörnum, wo wieder eine hohe Brandung zu durchfahren war. Auch diese konnte dank des seetüchtigen Rettungsbootes passiert werden, und alle glaubten nun, die größten Gefahren bestanden zu haben. Die »Theodor Preußer« gelangte auf tieferes, ruhigeres Wasser, und mit frischem Mut ging es vorwärts, Kurs Norden. Aber plötzlich und unerwartet bildete sich eine hohe, steile Grundsee, die quer in das Boot hineinlief und es zum Kentern brachte.

Alle Mann wurden hinausgeschleudert, bis auf zwei, die unter das Boot gerieten. Zwei andere gelangten sofort auf den Kiel, die anderen Fünf schwammen in ihren Korkjacken umher. Glücklicherweise richtete sich das Boot wenige Minuten nach dem Kentern wieder auf, weil unter Wasser die Masten brachen. Die beiden, die unter dem Boot eingeschlossen gewesen waren, standen jetzt darin, und sie konnten die in der Nähe Treibenden nach und nach unter größten Schwierigkeiten an Bord ziehen, bis auf Jens Peter Bork und Theodor Flor. Ersterer regte sich nicht mehr – er war offenbar von dem kenternden Boot erschlagen worden. Letzterer aber war soweit vom Boot entfernt, daß er nicht mehr erfaßt werden konnte und, vergeblich um Hilfe winkend, schnell abtrieb. Es gelang dann noch, zwei Riemen aufzufischen und damit das Rettungsboot auf Kurs zu bringen. Doch war es fast randvoll mit Wasser gefüllt und nicht zu entleeren, weil auch die Schöpfeimer über Bord geschlagen waren. Mit insgesamt vier Riemen arbeiteten die Männer, fortwährend im Wasser stehend, unermüdlich, um die etwa 7 km entfernte Hörnum-Odde zu erreichen. Unter Aufbietung der letzten Kräfte kam man dem Lande näher und gelangte etwa um sieben Uhr abends glücklich durch die Brandung auf den Strand. Aber noch lag ein weiter Weg vor den Überlebenden, bis zum etwa zwölf Kilometer entfernten Sylter Dorf Rantum. Die Jüngeren eilten voraus, während die anderen, mit langsamen, müden Schritten und verzweifelt über den Verlust ihrer Kameraden, hinterher gingen. Erst gegen Mitternacht kamen die letzten in Rantum an.

Die Unglücksbotschaft wurde schnell auf Amrum bekannt, und für die Angehörigen folgten quälende Stunden der Ungewißheit. Erst am Abend des 31. Oktobers kam die Mannschaft der »Theodor Preußer« nach Amrum zurück, und zwei Frauen mit zusammen zwölf Kindern, erhielten nun die endgültige Nachricht vom Tode ihrer Männer. Tags darauf kam der Inspektor Pfeifer der DGzRS nach Amrum, um die beiden Witwen in Norddorf aufzusuchen. Immerhin konnte er den betroffenen Familien insoweit Trost spenden, daß er auf die Lebensversicherung der Rettungsgesellschaft und die Unterstützung der Seeberufsgenossenschaft hinwies, womit wenigstens die materielle Not gelindert wurde.

Die Leichen der beiden Amrumer Rettungsmänner trieben am 17. November nahe Nörre-Vorupör an der Jütländischen Nordküste an, wo man sie mit allen Ehren beerdigte. Das Rettungsboot »Theodor Preußer« kam auf die Werft zur Reparatur und stand dann noch bis zum Jahre 1904 in der Station Nord am Norddorfer Strand. Das nächste, neugebaute Boot, 11 m lang und mit 8 Riemen für eine Besatzung von neun Mann ausgerüstet, hieß »Emile Robin«, genannt nach dem verdienstvollen, in Paris lebenden französischen Förderer des Rettungswerkes, der alljährlich bedeutende Prämien, Stiftungen und Legate für die DGzRS und ihre Rettungsmänner zur Verfügung stellte. Langjähriger Vormann der Station Nord, und zwar von 1878 bis 1908, war Volkert Ricklef Flor, ein Bruder des 1890 verunglückten Theodor Flor.

Vom Ruderrettungsboot zum Seenotkreuzer

Wenige Jahre nach Einrichtung einer Rettungsstation am Amrumer Weststrand wurde auch am Ufer bei Steenodde ein 28 Fuß langes Rettungsboot stationiert. Diese Station Süd erhielt jedoch 1886 einen neuen Standort auf der noch unbewohnten Amrumer Südspitze Wittdün, besetzt mit dem Rettungsboot »Elberfeld«. Als ein Sturm im Jahre 1904 die Station Süd zerstörte, legte die DGzRS das gedeckte Segelrettungsboot »Picker« in der Hafenbucht einsatzbereit vor Anker. Im Jahre 1909 bekam die »Picker« einen Motor mit verstellbarer Schraube und war damit das modernste Rettungsboot an der schleswig-holsteinischen Westküste.

Inzwischen war der Badeort Wittdün gegründet und aufgeblüht, und nun wurde der im Ort wohnende Kapitän und Strandvogt Volkert Martin Quedens, an anderer Stelle schon als Schiffsberger genannt, Vormann der Station Süd. Er löste damit den bisherigen Vormann, Carl Philipp Meyer aus Nebel, ab. Die Bedeutung der Insel Amrum für das Rettungswesen erhielt eine weitere Bestätigung durch die Stationierung eines der ersten Motorrettungsboote der DGzRS, der »Hermann Freese« im Jahre 1912. Das bisherige Rettungsboot der Station Süd, »Picker«, wurde dazu verwendet, an der Wattseite der Amrumer Nordspitze eine weitere Station einzurichten. Seit 1908 war der bewährte Seefahrer Gerret Peters Vormann der nördlichen Inselstationen. Als junger Mann hatte er die Unglücksfahrt der »Theodor Preußer« miterlebt, und seiner Tatkraft war es damals vor allem zu danken, daß nicht die gesamte Besatzung des gekenterten Rettungsbootes zugrunde ging.

Schwierigkeiten mit dem Fahrwasser erzwangen im Jahre 1933 die Auflösung der Station »Amrum Nordspitze«, und 1938 wurde auch die Station vor Norddorf aufgegeben, weil hier der Kniephafen versandet war und seit einiger Zeit schon ein Pferdegespann das auf einem Wagen liegende Rettungsboot »Emile Robin« zur Brandung des Kniepsandes befördern mußte. Von 1938 an gab es auf Amrum nur noch die Station Süd im Tonnenhafen zwischen Wittdün und Steenodde. Die Reduzierung der Stationen bedingte jedoch keineswegs eine Schwächung des Rettungswesens. Vielmehr wurde durch die verbesserten, mit Motor ausgerüsteten Rettungsboote ein größerer Aktionsradius erzielt.

Das erwähnte MRB »Hermann Freese« blieb bis 1939 im Dienst.

Als es eines Nachts durch Eisgang gegen die Pier gedrückt wurde und versank, erhielt Amrum die größere »Hermann Freese II«. Mit einer sechsköpfigen Besatzung, die aus nicht mehr wehrpflichtigen älteren Insulanern bestand, lag dieses Rettungsboot fast ständig draußen auf See, um die Fischerei und den Frachtverkehr zu sichern, aber auch um abgeschossene Flieger zu bergen und auf treibende Minen zu achten.

Die Rettungsboote der Station Amrum seit Kriegsende hießen »Bremen«, »Matthias Müller«, »Geheimrat Sartori« und »Rickmer Bock«, die jedoch vorwiegend in Hörnum lagen, so daß Amrum nur als Nebenstation fungierte. Erst 1961 erhielt Amrum mit der neuen »Bremen« wieder eine feste Station. Die »Bremen«, Prototyp der heutigen Seenotrettungskreuzer, wurde 1965 durch die größere »Ruhr-Stahl« ersetzt. Sie lag 20 Jahre auf der Station Amrum und wurde im Mai 1985 durch die noch größere »Eiswette« ausgewechselt. Über 20 Jahre war Harry Tadsen, ein Mann aus der bekannten Föhr-Amrumer Seefahrerfamilie, Vormann der Amrumer Rettungsboote.

Die ersten Rettungsstationen auf Sylt

Noch ehe die »Deutsche Gesellschaft zur Rettung Schiffbrüchiger« auf Sylt eine erste Station einrichtete, ergriffen einige beherzte Insulaner Hilfsmaßnahmen für Schiffbrüchige. Etwa um 1855 erbaute der Landwirt Cornelius Peters aus Westerland auf einer Düne gegenüber seinem Hause einen Unterstand, »Luke üt« (Schau aus) genannt. Hier saß er in stürmischen Tagen und Nächten und spähte mit einem Spektiv über das Meer nach havarierenden Schiffen aus. Die Hilfsmöglichkeiten waren allerdings gering. Cornelius Peters, der bei Strandungsfällen Nachbarn und Strandvogt alarmierte, konnte den Schiffbrüchigen allenfalls Signale geben, wenn sie versuchten, mit einem Schiffsboot durch die Brandung auf den Strand zu gelangen oder ihnen Seile zuwerfen. Und er nahm sich sofort der erschöpften Menschen an.

Im Jahre 1866 erschienen dann auch Vertreter der DGzRS auf Sylt. Westerland erhielt bald darauf eine Mörserstation, die mit einer Kugel eine Leine zu gestrandeten Schiffen schoß. Der Mörser wurde wenig später durch den neukonstruierten Raketenapparat abgelöst. Raketenapparate wurden wenig später auch in Rantum und Kampen, zu-

Raketenwerfer im Einsatz

nächst in den Scheunen der Strandvögte, nach 1871 in eigens dafür gebaute Geräteschuppen, stationiert. Die lange Dünenzunge Hörnum allerdings, an deren Strand die meisten Schiffe strandeten, war damals noch unbewohnt. Deshalb konnte hier nur eine Bake mit Notunterkunft errichtet werden, damit Schiffbrüchige wenigstens Trinkwasser und Nahrungsmittel vorfanden, wenn sie lebend an Land kamen. In der Regel wurde den bei Hörnum gestrandeten Schiffen aber von Amrum aus geholfen.

Im Jahre 1882 erfolgte der Aufbau zweier Stationen auf den Ellenbogen List, eine mit einem Ruderrettungsboot, die andere mit Raketenapparat. Eine fünfte Rettungsstation erhielt Sylt dann noch eben vor der Jahrhundertwende, als in Munkmarsch ein kleines Eisrettungsboot bereitgelegt wurde. Wie schon um die Jahrhundertwende auf Amrum, so erhielten auch die Sylter Stationen über die Leuchttürme von Kampen, dem Ellenbogen und seit 1907 auch über den Hörnumer Leuchtturm eine telefonische Verbindung.

Das Freiwillige Rettungscorps Westerland

In Zusammenhang mit der Strandung des englischen Schiffes »Reintjedina« im Oktober 1890 kam es durch die Initiative des Westerländer Fotografen Paul Ebe Nickelsen zur Gründung des »Freiwilligen Rettungscorps«. Anlaß war die Tatsache, daß von 38 Raketen nur einige das Wrack erreichten, offenbar weil die ungeübte Mannschaft Schwierigkeiten mit der Bedienung des Gerätes hatte. Die DGzRS sah naturgemäß im Rettungscorps ein Konkurrenzunternehmen und befürchtete eine Zersplitterung des Rettungswerkes auf Sylt. Nachdem jedoch vereinbart war, daß der Vorsitzende des Rettungscorps zugleich auch Vorsitzender des Ortsausschusses der DGzRS sein müsse, gab letztere ihre Zustimmung. Am 26. Dezember 1891 fand im Hotel »Union« in Westerland die Gründungsversammlung statt. Erster Vorsitzender wurde Erich Eschels.

Das Freiwillige Rettungscorps beschränkte sich von Anfang an auf Westerland und auf eine Zahl von 24 Aktiven. Sie übten und arbeiteten bei Strandungsfällen mit den Geräten der DGzRS, doch gab es einen nicht unwesentlichen Unterschied: Die Mannschaften der DGzRS erhielten von Anfang an für ihre Einsätze ein Entgelt im Verhältnis zum Zeitaufwand. Die Männer des Rettungscorps wirkten jedoch

Ruderrettungsboot und Freiwilliges Rettungscorps, Westerland

Rettungsbootschuppen der Station List mit Slip

ohne Bezahlung. Es galt aber als eine besondere Ehre, Mitglied des Rettungscorps zu sein. Wesentlichste Aufgaben waren fortan regelmäßige Übungen mit dem Raketenwerfer, die Wartung der Geräte und natürlich die Hilfe in Seenotfällen. In kameradschaftlichem Geist haben Rettungscorps und DGzRS bis heute zusammengearbeitet.

Raketenapparate und Hosenbojen waren lange Zeit die vorrangigen Hilfsmittel. Schwieriger war es hingegen, ja oft unmöglich, durch die hohe Sturmbrandung vor der Sylter Westküste ein Rettungsboot hindurchzubringen. So blieb das erwähnte Lister Rettungsboot zunächst das einzige. Erst 1891 wurde auch in Westerland ein Ruderrettungsboot stationiert. Es hieß »Arwed Emminghaus«, nach dem Begründer der DGzRS, und hat hier viele Jahrzehnte gestanden. Es folgten in der Zeit des 2. Weltkrieges und in den Nachkriegsjahren die Boote »Johannes Mess«, »Geheimrat Ladisch«, »Carl Behnk« und zuletzt, bis 1958, das Strandrettungsboot »KRC 302«. Unmittelbar an der Strandkante entstand 1940 eine Seenotfunkstelle, die sich heute im Rathaus befindet. Hier zog eine aufwendige Schleppvorrichtung die Rettungsboote von See her blitzschnell durch die Brandung. Mitte der 1950er Jahre wurde die Seenotfunkstelle ein Opfer der Sturmfluten. Aufgelöst wurden nach Kriegsende die Raketenstationen Rantum und Kampen.

Die Stationen List und Hörnum

Eine recht bewegte Geschichte verzeichnet die heutige Hauptrettungsstation auf Sylt, List. Die 1882 gegründeten Stationen mußten im 1. Weltkrieg wegen Personalmangel wieder aufgegeben werden. Doch 1929 kam es zu einem Neubeginn mit dem Motorrettungsboot »August Nebelthau«. Es folgte 1931 das inzwischen mit einem Motor versehene Rettungsboot »Picker«, das vorher auf der Station Amrum-Nordspitze gelegen hatte, 1933 das MRB »Adalbert Korff« und unmittelbar nach Kriegsende das MRB »Hermann Freese II«, ebenfalls von Amrum kommend. Langjähriger Vormann der Station List war Ludwig Hansen, seit 1920 in Diensten der DGzRS. Er starb 1961. Gerade vorher war »Hermann Freese II« außer Dienst gestellt worden, und die Station List erhielt das MRB »Hindenburg« mit dem noch ursprünglichen Turm, der 1961 umgebaut wurde.

Ludwig Hansens Nachfolger war Max Carstensen, der 1971 tödlich

S.A.R. – Hubschrauber und Seenotkreuzer im gemeinsamen Einsatz

Das Tochterboot des Seenotkreuzers in Aktion

verunglückte, als er mit dem seit 1969 in List stationierten Seenotrettungsboot »H. J. Kratschke« eine havarierende Jacht einschleppen wollte, das Schleppseil jedoch riß und den Vormann auf seinem Führerstand erschlug. 1979 erhielt List den Seenotkreuzer »Adolph Bermpohl«. Von 1938 bis 1962 hatte auch Hörnum auf der Sylter-Südspitze eine Rettungsstation, begründet in Zusammenhang mit dem Fliegerhorst. Zunächst lag hier das MRB »Hamburg«, Vormann Peter Carstens. Dann folgten 1942 »Geheimrat Sartori«, 1955 »Rickmer Bock« und 1960 die umgebaute »Bremen«, die aber 1961 zum Tonnenhafen Amrum verlegt wurde, so daß Hörnum nur noch eine Nebenstation blieb. Erst 1972 kam es durch die Stationierung eines Strandrettungsbootes zu einem neuen Anfang.

Einen ganz neuen Akzent hat das Rettungswesen im Bereich der nordfriesischen Inselwelt durch die SAR-Hubschrauber der Bundeswehr bekommen, die in Westerland stationiert sind und in Seenotfällen mit der DGzRS zusammenarbeiten.

Rettungsstationen in Eiderstedt und auf Nordstrand

Das Jahrbuch 1887 der »Deutschen Gesellschaft zur Rettung Schiffbrüchiger« berichtet, daß Anfang Dezember 1886 die Station Ording in den Dienst gestellt werden konnte. »Der Schuppen steht dicht am Strande hinter der äußersten Düne auf einer Anhöhe, so daß derselbe bei Hochwasser stets trocken bleibt. Das zum Segeln und Rudern eingerichtete 6,80m lange Stahlblechboot ist vom Bootsbauer Havighorst aus Rönnebeck, der dazugehörige Transportwagen von der Fabrik Stilkenboom in Norden geliefert worden.« Ein fast 10m hoher Holzturm zwecks Ausschau über die Sände vor Eiderstedt, vervollständigte die Station. Ordinger Fischer bildeten die Besatzung des Rettungsbootes, während sich die Bauern im Ort verpflichteten, für den Transport ihre Pferde bereitzuhalten.

Nachdem die Ruderrettungsboote noch einige Male durch neue ersetzt waren, erhielt die Station im Jahre 1936 das Motorrettungsboot »Vegesack«, 8,50m lang und mit einem 35 PS-Motor ausgerüstet, der dem Boot eine Geschwindigkeit von etwa 9 Knoten verlieh. Der alte Bootsschuppen aber wurde inzwischen von Versandung bedroht, so daß es 1937 zu einem Standortwechsel auf der Deichkappe gegenüber dem Hotel »Ordinger Hof« kam. Dennoch blieb es schwierig, das größere Motorrettungsboot mit acht Pferden durch den Sand zu Wasser zu bringen, so daß schließlich 1939 ein Raupenschlepper angeschafft werden mußte.

Die Auflösung der Ordinger Station nach Kriegsende steht in Zusammenhang mit einem tragischen, ungeklärten Vorfall. Das hier zuletzt stationierte MRB »Hamburg« lief am 20. November 1947 mit drei Mann: Vormann Heinrich Jasper, Alfred Laske und Ernst Laske, aus und verschwand, ohne eine Spur zu hinterlassen. Es wird vermutet, daß das Boot auf eine der noch zahlreich herumtreibenden Minen gelaufen und mitsamt der Besatzung völlig zerfetzt worden ist. In der Zeit ihres Bestehens rettete die Ordinger Station 23 Menschen aus Seenot.

Trotz Auflösung der Rettungsstation spielt St. Peter-Ording im Seenotrettungswesen weiterhin eine bedeutende Rolle – durch die am 1. September 1946 in Betrieb genommene Peilfunkstelle, die bis heute schon in tausenden von Seenotfällen bei der genauen Ortung der Havaristen mitgewirkt hat.

Der Küstenbereich vor Eiderstedt wird heute durch die modernen Rettungskreuzer der Stationen Helgoland und Amrum mit ihrem großen Aktionsradius abgedeckt. Die Einfahrt zur Eider erhielt 1977 eine zusätzliche Sicherung durch die Stationierung eines Strandrettungsbootes.

Jungen Datums ist auch die Rettungsstation im Hafen Strucklahnungshörn auf Nordstrand. Sie wurde durch die Initiative von Ernst August Dethleffsen im Jahre 1964 eingerichtet und erhielt zunächst das Strandrettungsboot »Horumersiel«, Vormann Ludolf Ketelsen. Die Notwendigkeit einer Station im Bereich von Nordstrand und der Einfahrt nach Husum bekam dann gleich im ersten Jahre eine Bestätigung mit 21 Einsätzen bei Seenotfällen und Versorgungsfahrten.

1969 machte ein neues, größeres Rettungsboot im Hafen Strucklahnungshörn fest, die »Hindenburg«, 17,5 m lang, mit Doppelschrauben einer 300 PS-Maschine, mit Funk, Echolot, Sichtfunkpeiler, Radar, Feuerlösch- und Lenzanlagen versehen. Dieses Seenot-Rettungsboot, geführt vom Vormann Willi Paulsen, entwickelt eine Geschwindigkeit von 10 Knoten.

Und 1979 wurde ein Seenotkreuzer größeren Typs, die bis dahin in List-Sylt liegende »H. J. Kratschke« auf Nordstrand stationiert.

Ruderrettungsboote, Raketenwerfer und Seenotkreuzer im Einsatz

Hinter den nüchternen Zahlen und Daten der Rettungsstationen auf den Inseln und an den Küsten Nordfrieslands stehen seit dem Gründungsjahr der »Deutschen Gesellschaft zur Rettung Schiffbrüchiger« im Jahre 1865 tausende von Einsätzen mit Ruderrettungsbooten, Raketenapparaten, Seenotkreuzern und Hubschraubern. Und mit diesen Einsätzen verbinden sich Berichte über Tragödien von Menschen in Seenot und den oft dramatischen Umständen ihrer Rettung – aber auch von vergeblichen Rettungsversuchen. Als die DGzRS im Jahre 1935 aus Anlaß ihres 70jährigen Bestehens eine Zwischenbilanz zog, hatten die Stationen auf Amrum 206, die Stationen auf Sylt 64 und die Stationen Ording-Süderhöft 21 Menschen aus Seenot gerettet. Seitdem sind einige hundert dazugekommen.

In kurzen, nüchternen Worten haben die Vormänner der Rettungsstationen ihre Einsätze zu Papier gebracht und auftragsgemäß an die DGzRS in Bremen geleitet. Die nachstehende, in den Jahrbüchern veröffentlichte Auswahl, ist ein Spiegelbild des Rettungswesens:

Sylt, am 7. Dezember 1895. »Während eines orkanartigen NW-Sturmes erhielt der Arbeiter Janssen den Auftrag, den Strand zu begehen und nach gefährdeten Schiffen auszuschauen. Um 11 Uhr meldete er ein Schiff in Sicht, das sich in Seenot befand. Sofort wurde die Rettungsmannschaft zusammengerufen und der Raketenapparat der Station Kampen quer durch die Dünen nach dem inzwischen gestrandeten Schiff gefahren, das in gefährlicher Lage inmitten der hohen Brandung angetroffen wurde. Nachdem die Verbindung zum Schiff gleich mit der ersten Rakete hergestellt war, konnte die aus 6 Personen bestehende Besatzung mit der Hosenboje glücklich an Land geholt und in beste Pflege genommen werden. Das verunglückte Schiff war der dänische Schoner ›Thyra‹, Kapitän Möller, mit Gerste von Ringköbing nach London bestimmt.«

Ording, am 4. Dezember 1898. »Am Nachmittag, gegen 41/2 Uhr, wurde an der Südspitze des Rochelsteerts ein Schiff in Not bemerkt. Sofort erfolgte die Alarmierung der Rettungsmannschaft und der Pferdegespanne, die das Rettungsboot »Amalie Borchardt« zu Wasser brachten. Es stürmte heftig aus SW. Das Rettungsboot konnte mit der

Die Hosenboje in Aktion

Ebbe eine Strecke den Ordinger Priel hinabrudern, mußten aber unser Vorhaben, das Schiff zu Fuß über die Sandbank zu erreichen, aufgeben. Unter gerefften Segeln versuchten wir nun an das Schiff heranzukommen, wobei uns schwere Brechseen entgegenkamen. Es war eine schwierige Aufgabe, das Schiff, dessen Notlicht durch die Nacht leuchtete, zu erreichen. Die Pumpe war in ständiger Tätigkeit, und erst gegen 11 Uhr nachts gelangten wir an die Leeseite des Schiffes. Der Kapitän teilte uns mit, daß 7 Mann das Schiff verlassen wollten, während er mit den übrigen 4 Mann den Tag erwarten wollte. Wir fuhren mit den Schiffbrüchigen zur Station zurück, die wir um 1/2 1 Uhr erreichten. Am anderen Morgen, bei ruhiger gewordenen See wurden die anderen 5 Mann abgeholt. Das total verunglückte Schiff war die finnische Bark ›Helsingfors‹, Kapt. Ahlberg, in Ballast von Hull nach Amerika bestimmt.«

Amrum, am 28. August 1902. »Morgens um 10 Uhr meldete der Leuchtturmwärter per Telefon, daß bei den Holtknobs eine Bark gestrandet sei und Notflagge zeige. Sofort begab sich die Rettungsmannschaft zur Station und machte das Rettungsboot ›Emile Robin‹ zur Abfahrt fertig. Um 11 Uhr verließen wir die Station und kreuzten unter gerefften Segeln mit dem Ebbestrom zur Strandungsstelle. Als wir auf etwa 300m an das Schiff herangekommen waren, nahmen wir das Segel ein und ruderten in 3/4stündiger Arbeit an die Bark heran. Das Herankommen war in der ungewöhnlich hohen Brandung nur deshalb möglich, weil es quer zur Brandung lag und die Mannschaft zur Dämpfung der See ständig Öl in das Wasser goß. Das Vorschiff wurde fortwährend überbrandet, während am Heck die See etwas ruhiger war. Nachdem es gelang, mittels vom Schiff zugeworfener Taue eine Verbindung herzustellen, nahmen wir unter großer Mühe und Gefahr die ganze, aus 11 Mann bestehende Besatzung in das Rettungsboot. Die Rückfahrt mit dem überfüllten Boot war unter den obwaltenden Umständen mit größter Gefahr verbunden, da wir vor der hochlaufenden See durch die Brandung rudern mußten. Dies gelang aber, indem wir fortwährend Öl in die See gossen. Sobald wir durch die Brandung waren, setzten wir Segel und erreichten wohlbehalten nachmittags 41/2 Uhr die Station, woselbst die Schiffbrüchigen gelandet und dann in Norddorf untergebracht wurden. Das gestrandete Schiff war die russische Bark ›Delta‹, Kapitän Behrsin, mit Asphalt von Trinidad nach Hamburg bestimmt. Das neue Rettungsboot ›Emile Robin‹ bewährte sich auf dieser Fahrt sowohl als Segler,

Gerettet!

Besatzung gerettet – Schiff verloren!

als auch als Ruderboot in jeder Hinsicht vortrefflich. Besonders in der Brandung zeigte es sich den Anforderungen gewachsen und nahm nur wenig Wasser über.«

Amrum/Hörnum, am 9. Dezember 1958. »Am Abend des 8. Dezembers strandete der englische Fischdampfer ›George H. Hastie‹, der bei schwerem Sturm die Orientierung verloren hatte, bei Amrum. Wegen schlechter Sicht wurden die Notsignale erst am Morgen des 9. Dezembers durch den Leuchtturmwärter von Amrum gesehen und daraufhin sofort das Rettungsboot ›Rickmer Bock‹ alarmiert. Gegen 8.45 Uhr lief das Boot mit fünf Mann besetzt aus und stand nach Durchquerung einer hohen Brandung gegen 10 Uhr am Wrack. Nur die Masten und der Schornstein ragten noch aus dem Wasser. Von der Besatzung keine Spur. Doch dann entdeckten die Rettungsmänner eine Meile nördlich ein eigenartiges Fahrzeug, eine neuartige Rettungsinsel, in der sich die sieben Schiffbrüchigen befanden. Die Engländer waren völlig durchnäßt und wurden unverzüglich nach Wittdün gebracht und dort im Hotel versorgt.

Später schrieb der Kapitän dem Vormann des Rettungsbootes: Im Namen aller Besatzungsmitglieder möchte ich unseren herzlichsten Dank für die Rettung und für die Gastfreundschaft auf Amrum zum Ausdruck bringen.«

Amrum, am 2. August 1964. »Bei WNW-Sturm mit schweren Böen alarmierte die Seenotleitung in Bremen die Rettungsstation Amrum. Ein großes Frachtschiff war in Rütergatt festgeraten, und der Schlepper ›Atlas‹ befand sich in der Nähe. Zur Sicherung der Besatzung lief das MRB ›Bremen‹ sofort aus und erreichte gegen 21.30 Uhr den Havaristen. Der Kapitän wollte die gefährliche Lage seines Schiffes aber nicht anerkennen und verweigerte jede Hilfe. Langsam mit der Maschine gegen die See angehend, hielt sich das Rettungsboot 30m in Lee des Frachters. Nachts um 3.30 Uhr wurde es dort lebendig: das Schiff begann langsam durchzubrechen, und die Besatzung bat nun die Rettungsmannschaft, sie nicht zu verlassen. In der Zeit von 4 bis 5 Uhr übernahm die ›Bremen‹ die 25 Mann starke griechische Besatzung mit dem größten Teil ihres persönlichen Gepäcks und brachte sie in Wittdün an Land. Zum Abbergen der Besatzung mußten etwa 20 Anläufe gefahren werden, und als der letzte Mann übernommen war, brach der mit Erz beladene 7000 BRT-Frachter ›Pella‹ hinter der Brücke völlig durch. Zur Sicherung der Rettungsaktion war auch das

MRB ›Hindenburg‹ der Station List zur Strandungsstelle gerufen worden.«

List, am 21. August 1971. »Gegen 22.30 Uhr teilte der Hafenmeister von List dem Seenotrettungsboot ›H. J. Kratschke‹ mit, daß am Weststrand, südlich der Strandhalle, auf dem vorgelagerten Riff ein Kutter gestrandet sei und Signale zeige. Mit Hilfe des Radars wurde das gestrandete Schiff kurz nach 23 Uhr gefunden. Es lag in der Brandung und verzeichnete erheblich Wassereinbruch, so daß an ein Abschleppen nicht mehr zu denken war . . . Weil die ›H. J. Kratschke‹ 10 m vor dem Wrack auf Grund stieß, wurden die zwei Mann mit Hilfe des Tochterbootes von dem schnell sinkenden Kutter geborgen.«

*

Die Seenotrettungskreuzer der DGzRS sind aber nicht nur zur Stelle wenn Schiffe gestrandet sind oder sinken, sondern leisten auch Hilfe bei Maschinenschäden, begleiten Segelregatten und müssen immer wieder auslaufen, um leichtsinnige Wassersportler und Wattenwanderer aus Lebensgefahr zu befreien. Eine besondere Aufgabe wächst ihnen auch durch Krankentransporte von einsamen Halligen oder als »Eisbrecher« in strengen Wintern zu. Beispielsweise konnten in den strengen Eiswintern 1985 und 1986 die großen Fährschiffe nach Pellworm, Föhr und Amrum oft nur im Gefolge der Seenotrettungskreuzer den Hafen mit Passagieren und Versorgungsgütern erreichen, ebenso die sonstigen Versorgungsschiffe, darunter die lebenswichtigen Heizöltanker. Die »Jahrbücher« und sonstigen Publikationen der DGzRS weisen eine Fülle solcher oft dramatischen Einsätze aus, ebenso aber auch den hohen Stand der Ausrüstung und der Organisation des Rettungswesen an den deutschen Küsten.

Die DGzRS ist keine staatliche Institution. Sie wird finanziert von Beiträgen aus Kreisen der Seefahrt, der Förderer und Mitglieder. Auch die Ergebnisse aus den Sammelschiffen spielen eine große Rolle

Sammelschiff der »Deutschen Gesellschaft zur Rettung Schiffbrüchiger«. Die DGzRS wird getragen von Zuwendungen aus Kreisen der Seefahrt, Spenden und Beiträgen der Förderer und Mitglieder – und durch die Ergebnisse der Sammelschiffe.

Literatur und Quellenhinweise

Archiv Georg Quedens

Ball, F.: »Strandungen an der Küste von Sylt«, Westerland 1923

Bantelmann, Albert: »Die Landschaftsentwicklung an der schleswig-holsteinischen Westküste«, Neumünster 1967

Busch, Andreas: »50 Jahre Rungholtforschung«, Heimatkalender 1972

Degn/Muuß: »Topograph. Atlas Schleswig-Holstein«, Neumünster 1965

Hansen, C. P.: »Chronik der friesischen Uthlande«, Garding 1877

Jacobs/Heinrich: »Land unter«, Breklum 1962

Karff, Fritz: »Chronik der Hallig Nordstrandischmoor«, Rendsburg 1960

Koehn, Henry: »Die nordfriesischen Inseln«, Hamburg 1961

Muuß (Abrahamse/Joenje/van Leeuwen-Seelt): »Wattenmeer«, Neumünster 1976

Müller, F. / Fischer, O.: »Das Wasserwesen an der schleswig-holsteinischen Nordseeküste« – Bände: »Die Halligen«, »Alt-Nordstrand«, »Nordstrand«, »Pellworm«, »Sylt«, »Föhr«, »Amrum«, »Allgemeines«, »Sonderprobleme«, »Hydrographie des Küstengebietes« und »Nordfriesland« (Festland), Berlin 1917–1955

Peters, Lorenz Conrad: »Nordfriesland«, Husum 1929

Quedens, Georg: »Amrum«, »Föhr«, »Die Halligen«, Breklum 1971–1975

ders.: »Nordsee-Natur«, Heide 1968

ders.: »Amrumer Abenteuer«, Itzehoe 1970

Sethe, H. und Redaktion Husumer Nachrichten: »Die große Flut 1962«, Husum 1962

Sylter Archiv, Westerland-Sylt

Wieland, Peter: »Deiche auf Föhr«, Breklum 1963

Wirz, Hans: »Seenot – Opfer – Siege«, Bremen 1965

Wohlenberg/Snuis: »Anwachs, Landgewinnung und Deichbau in Nordfriesland«, Husum 1955

Div. Jahrgänge »Heimatkalender – zwischen Eider und Wiedau«, »Nordfriesisches Jahrbuch«, Heft »Nordfriesland« und Zeitungen »Insel-Bote« und »Husumer Nachrichten« mit aktuellen Berichten und Aufsätzen

Insel unter weitem Himmel Amrum

von Georg Quedens

104 Seiten, 56 Farbbilder großformatig,
36 schwarz-weiß Bilder
Format 21 x 26,5, geb.

Aus dem Inhalt:
Amrum, vom Himmel gesehen – Inselerwartung – Bewegte Zeiten auf Wittdün – Tonnenleger und Krabbenfischer – Steenodde, der alte Hafenort – Auf dem Mühlenhügel – Nebel, das Dorf um die Kirche – Ein Friesendorf wird Nordseebad – Die Amrumer und ihre Gäste – Landschaft unter Lerchenliedern – Über die Heide – Im Auf und Ab der Dünen – Lebensraum der Seevögel – Kniepsand, Landschaft des Windes – Am Wattenmeer – Wolkenhimmel